Ciao Italy

Autore: Christian Francesco Rossi

"Ciao Italy" non è solo un resoconto delle difficoltà. È anche un invito alla riflessione su cosa potrebbe fare l'Italia per migliorare, per offrire opportunità più ampie a chi decide di rimanere. Perché, nonostante tutto, l'amore per l'Italia non svanisce mai.

Producido por Lanzaware

CIAO
ITALY

Prefazione

Ciao Italy nasce da una riflessione profonda sul nostro tempo, sulle radici e sulle ali che ogni individuo si trova a bilanciare nel corso della propria esistenza. Questo libro non vuole essere una critica spietata né un inno all'abbandono del proprio Paese; al contrario, è un invito a interrogarsi sulle possibilità, sui limiti e sulle opportunità che il mondo moderno offre a chi è disposto a guardare oltre i confini nazionali.

L'Italia è una terra di straordinaria bellezza, di cultura millenaria e di comunità radicate. È il luogo dove il calore della famiglia, la tradizione e il senso di appartenenza creano un'identità unica. Tuttavia, per molti, la realtà quotidiana si scontra con un senso di frustrazione e di limitazione. Giovani talenti si trovano spesso intrappolati in un sistema che non premia l'intraprendenza, professionisti ambiziosi vedono sfumare le opportunità di crescita, e intere generazioni si domandano se il futuro che sognano possa davvero prendere forma qui, nella terra che amano.

Questo libro si propone di esplorare con rigore e onestà i motivi per cui molti italiani scelgono di emigrare. Non si tratta di una decisione leggera, né tantomeno semplice: lasciare la propria casa, le proprie radici e i legami affettivi è un atto che richiede coraggio, determinazione e una grande dose di resilienza. Tuttavia, è una scelta che, per molti, rappresenta l'unica via per realizzare se stessi, per sfuggire a un sistema percepito come statico e per costruire un futuro in linea con le proprie aspirazioni.

Ciao Italy non vuole fornire risposte definitive, né giudizi. Il suo obiettivo è offrire uno spaccato delle motivazioni profonde che spingono tante persone a lasciare l'Italia, analizzando aspetti economici, sociali, culturali e politici. Attraverso una narrazione documentata e arricchita da dati, esperienze personali e confronti con altri Paesi, il libro cerca di illuminare le sfide che il nostro Paese affronta e le opportunità che altri contesti offrono.

La scelta del titolo non è casuale. "Ciao" è una parola che racchiude un doppio significato: può essere un saluto caloroso, ma anche un addio. È il simbolo perfetto di questa dualità emotiva, di quella lotta interiore tra il desiderio di restare e la necessità di partire. Per chi parte, "Ciao Italy" è un addio intriso di nostalgia e di speranza. Per chi resta, è un promemoria dell'importanza di costruire un'Italia migliore, in grado di trattenere e valorizzare le sue menti più brillanti.

Scrivere questo libro è stato un viaggio personale, un percorso di scoperta e di confronto. Ogni capitolo è un tassello di una realtà complessa, un invito a guardare il mondo con occhi aperti e a riflettere sulle scelte che plasmano il nostro destino. Spero che queste pagine possano ispirare, informare e, soprattutto, generare un dialogo costruttivo su ciò che significa davvero appartenere a una terra, e su come possiamo contribuire a cambiarla.

A tutti coloro che, leggendo questo libro, si ritroveranno in queste storie e riflessioni, auguro di trovare le risposte che cercano, che sia nella decisione di restare o in quella di partire. Perché, alla fine, l'importante è scegliere consapevolmente, con il cuore e con la mente.

Christian Francesco Rossi

Introduzione

Perché parlare di emigrazione?

Mi chiamo Christian, e sono nato in una piccola città del nord Italia, circondato dalla bellezza dei monti, dalla cucina che sa di casa e da una cultura che affonda le sue radici in secoli di storia. Amo profondamente il mio Paese. Amo l'Italia per la sua arte, per il calore delle persone, per le strade che raccontano storie di un passato glorioso. Tuttavia, la vita mi ha portato a fare una scelta difficile: emigrare.
Lasciare la propria terra non è mai una decisione facile. Si parte con una valigia piena di speranze, ma anche di dubbi e paure. Nel mio caso, è stato un misto di necessità e ambizione. Ero stanco di vivere in un sistema che sembrava immobile, in cui il merito non veniva sempre riconosciuto e le opportunità sembravano riservate a pochi fortunati. E così, spinto dalla curiosità e dalla voglia di costruirmi un futuro migliore, ho deciso di partire.
Questa introduzione non è un atto di accusa contro l'Italia, ma un tentativo sincero di spiegare perché così tante persone scelgono di lasciare questo Paese. Nonostante l'amore per la mia terra natale, devo riconoscere che vivere fuori dall'Italia mi ha fatto vedere le cose da una prospettiva diversa.

Un Paese meraviglioso, ma pieno di contraddizioni
L'Italia è un luogo di straordinaria bellezza, con una ricchezza culturale e storica ineguagliabile. Abbiamo tutto: montagne, mare, città d'arte, una cucina che il mondo intero ci invidia. Ma vivere in Italia non significa necessariamente poter godere appieno di tutte queste meraviglie.
I dati parlano chiaro. Il tasso di disoccupazione giovanile in Italia è tra i più alti d'Europa: nel 2023 era al 23,8%, rispetto al

5,7% della Germania o al 7,1% dei Paesi Bassi. Questo significa che quasi un giovane italiano su quattro non riesce a trovare lavoro. E tra coloro che lo trovano, molti devono accontentarsi di contratti precari o stipendi bassi, spesso insufficienti per affrontare il costo della vita.

La situazione economica è ulteriormente aggravata da una tassazione pesante. L'Italia è uno dei Paesi con la pressione fiscale più alta d'Europa: nel 2022, il rapporto tra le entrate fiscali e il PIL era del 43,3%, contro una media europea del 40%. Questo scoraggia non solo i lavoratori, ma anche gli imprenditori, che si trovano a fare i conti con una burocrazia lenta e complessa.

Poi c'è il problema del sistema educativo. Nonostante alcune eccellenze, come la Bocconi o il Politecnico di Milano, le università italiane faticano a competere con quelle dei Paesi anglosassoni. Nel QS World University Rankings 2024, solo 4 università italiane figuravano tra le prime 200 al mondo. Questo spinge molti studenti a cercare una formazione all'estero, dove spesso trovano anche migliori opportunità di lavoro una volta laureati.

Il confronto con l'estero

Quando ho lasciato l'Italia, sono andato a vivere in un Paese del nord Europa. La prima cosa che mi ha colpito è stata l'efficienza. I trasporti funzionavano, i documenti burocratici si risolvevano online in pochi minuti, e il sistema sanitario era accessibile e veloce. Qui ho trovato un ambiente lavorativo meritocratico, dove le competenze contano più delle conoscenze personali.

In Italia, avevo sempre avuto la sensazione di dover lottare contro un sistema che non premiava il mio impegno. All'estero, invece, ho visto riconosciuti i miei sforzi. Gli stipendi erano più alti e, soprattutto, proporzionati al costo della vita. In Italia, secondo Eurostat, lo stipendio medio netto annuo è di circa 21.000 euro, contro i 35.000 della Germania o i 42.000 della Svizzera.

Anche la qualità della vita è stata una sorpresa. Il tempo libero viene rispettato, e le persone hanno la possibilità di bilanciare lavoro e vita privata. In Italia, spesso ci vantiamo della nostra "dolce vita", ma la realtà è che molti lavorano troppo per troppo poco, sacrificando il tempo con le famiglie e gli amici.

Il paradosso dell'emigrante

Non fraintendermi: l'Italia resta il mio Paese, il luogo che porto nel cuore ovunque vada. Quando torno, provo una gioia immensa nel vedere i colori del tramonto sulle colline, nel sentire il profumo del caffè al mattino, nel camminare tra le vie delle città medievali. Ma provo anche un senso di amarezza. Perché l'Italia, con tutto il suo potenziale, sembra non riuscire a valorizzare le sue risorse più preziose: le persone.

Questo libro nasce da un bisogno: raccontare perché tanti di noi scelgono di partire, ma anche cosa possiamo imparare da queste esperienze. Non scrivo per dire che l'estero è perfetto o che l'Italia è irrecuperabile. Scrivo per portare alla luce le realtà che spesso ignoriamo, per mostrare che cambiare vita è possibile e che, forse, l'Italia potrebbe imparare qualcosa dai suoi emigranti.

Emigrare non è tradire il proprio Paese. È, in molti casi, un atto di amore per se stessi e per il proprio futuro. E forse, un giorno, sarà anche l'atto che ci permetterà di tornare, portando con noi nuove idee e nuove speranze.

Ciao Italy non è un addio, ma un arrivederci. Un invito a riflettere, a costruire ponti e, chissà, un domani, a ritrovare un'Italia che possa davvero essere all'altezza dei sogni di chi la ama.

Una panoramica storica dell'emigrazione italiana

L'emigrazione è parte integrante della storia italiana, un fenomeno che ha plasmato non solo la nostra identità, ma anche quella di molte altre nazioni. Partire per cercare una vita migliore è una scelta che milioni di italiani hanno fatto nel corso dei secoli, spesso spinti dalla necessità, ma sempre con la speranza di un futuro più luminoso. È una storia che conosco bene, perché in parte è anche la mia. Quando vivi all'estero, senti su di te il peso della storia di chi ti ha preceduto, e capisci che il tuo viaggio non è poi così diverso da quello di tanti altri.

Le prime ondate migratorie: il XIX secolo

L'Italia, così come la conosciamo oggi, è una realtà relativamente giovane. L'unificazione del Paese nel 1861 ha segnato l'inizio di una nuova era, ma anche di un periodo di profonde disuguaglianze economiche e sociali. Mentre il nord iniziava a industrializzarsi, il sud rimaneva intrappolato in un sistema feudale, con una popolazione prevalentemente agricola e una povertà dilagante.

Tra il 1876 e il 1915, circa 14 milioni di italiani lasciarono il Paese. Fu una migrazione di massa, diretta principalmente verso le Americhe: gli Stati Uniti, l'Argentina e il Brasile. L'Italia era un Paese povero, in cui la terra era spesso insufficiente per sostenere le famiglie. I contadini del sud e delle isole, in particolare, affrontavano carestie, epidemie e un sistema sociale che offriva poche possibilità di riscatto. Le storie di successo degli emigranti che avevano trovato fortuna oltre oceano alimentavano la speranza di chi rimaneva, spingendo sempre più persone a salire su quei piroscafi verso l'ignoto.

La maggior parte degli emigranti erano giovani uomini, pronti a lavorare duramente come braccianti, minatori o operai. Gli Stati Uniti, in particolare, rappresentavano il "sogno americano", un luogo dove chiunque fosse disposto a sacrificarsi poteva aspirare a migliorare la propria condizione. Nel 1910, gli italiani rappresentavano quasi il 10% della popolazione immigrata negli Stati Uniti, concentrandosi principalmente a New York, Chicago e Filadelfia. Ma le condizioni di vita non erano facili: molti vivevano in quartieri sovraffollati, lavorando in condizioni precarie e affrontando discriminazioni.

Tra le due guerre mondiali: l'emigrazione si trasforma
Dopo la Prima Guerra Mondiale, il flusso migratorio rallentò. Gli Stati Uniti adottarono politiche restrittive sull'immigrazione con le leggi del 1921 e del 1924, limitando fortemente l'ingresso di nuovi lavoratori dall'Italia. Questo coincise con un periodo di grande instabilità economica e politica in Europa. L'Italia fascista di Mussolini cercò di scoraggiare l'emigrazione, promuovendo invece il concetto di "autarchia" e incentivando gli italiani a rimanere per contribuire alla costruzione di un grande impero. Nonostante ciò, molti italiani continuarono a partire, questa volta dirigendosi verso altre destinazioni, come l'Australia, il Canada e l'Europa settentrionale.

Il dopoguerra: la grande emigrazione europea
Il secondo dopoguerra segnò una nuova ondata di emigrazione. L'Italia era un Paese devastato dal conflitto, con città distrutte, disoccupazione alle stelle e un sistema produttivo in ginocchio. Tra il 1946 e il 1976, circa 7 milioni di italiani lasciarono il Paese. Questa volta, però, le destinazioni principali furono i Paesi europei, come la Germania, la Svizzera, la Francia e il Belgio.
Fu un'emigrazione diversa rispetto al passato. Molti degli italiani che partirono nel dopoguerra erano operai qualificati, attratti dalle opportunità offerte dal boom economico europeo. La Germania, in particolare, diventò una meta prediletta per i "Gastarbeiter" italiani, lavoratori ospiti che contribuirono a ricostruire il Paese dopo la guerra. Anche qui, però, non

mancarono le difficoltà: molti italiani vivevano in baracche o dormitori, lontani dalle loro famiglie, affrontando discriminazioni e una vita spesso isolata.

L'emigrazione contemporanea: cervelli in fuga
Oggi, l'emigrazione italiana ha assunto un volto diverso. Non si parla più di contadini o operai, ma di giovani laureati, professionisti e ricercatori che lasciano il Paese in cerca di migliori opportunità. Si parla di "fuga di cervelli", un fenomeno che sta privando l'Italia di alcune delle sue menti più brillanti. Secondo un rapporto dell'Istat del 2021, circa 160.000 italiani lasciano il Paese ogni anno, e il 33% di questi ha una laurea. Le destinazioni principali sono il Regno Unito, la Germania e la Svizzera, ma anche Paesi più lontani come gli Stati Uniti, l'Australia e il Canada.
Questi emigranti, a differenza di quelli del passato, spesso partono con un bagaglio culturale e professionale già formato. Tuttavia, le motivazioni rimangono simili: la ricerca di un lavoro meglio pagato, di un ambiente lavorativo più meritocratico e di una qualità della vita superiore. In Italia, la disoccupazione giovanile rimane alta, e molti giovani sentono che le loro competenze non vengono valorizzate.

L'emigrazione come ponte tra passato e futuro
La storia dell'emigrazione italiana è una storia di sacrificio, coraggio e speranza. È una storia che si ripete, anche se in forme diverse, e che riflette le difficoltà e le aspirazioni di un intero popolo. Quando penso alla mia decisione di partire, mi rendo conto di far parte di questa lunga tradizione. Amo profondamente l'Italia, ma ho scelto di andarmene perché ho capito che altrove avrei avuto la possibilità di vivere meglio.
Questa panoramica non vuole essere un semplice elenco di dati o di eventi storici. È un omaggio a tutti coloro che hanno avuto il coraggio di partire, ma anche un invito a riflettere su cosa possiamo fare per rendere l'Italia un Paese in cui nessuno si senta costretto ad andarsene. Perché, alla fine,

ogni emigrante porta con sé un pezzo d'Italia, e il sogno di un ritorno a una terra che sappia accogliere e valorizzare tutti i suoi figli.

Il contesto attuale: opportunità e sfide in Italia

Quando penso all'Italia oggi, il mio cuore si riempie di sentimenti contrastanti. Da un lato, provo un amore incondizionato per il mio Paese, per la sua bellezza, la sua cultura e la sua gente. Dall'altro, non posso ignorare le difficoltà che mi hanno spinto a cercare altrove un futuro migliore. Vivere all'estero mi ha permesso di vedere l'Italia da una prospettiva diversa, più distaccata, ma anche più lucida. Amo il mio Paese, ma ho imparato a riconoscerne i limiti. Il contesto attuale in Italia è un intreccio di opportunità che brillano e di sfide che pesano, e queste ultime spesso costringono molti a partire.

Le opportunità: ciò che l'Italia offre

L'Italia non è un Paese privo di opportunità, anzi. È una terra straordinaria, ricca di risorse e talenti. Il turismo, ad esempio, è una delle colonne portanti dell'economia: nel 2022, l'Italia è stata la terza destinazione turistica più visitata in Europa, con oltre 60 milioni di arrivi internazionali. Le città d'arte, come Roma, Firenze e Venezia, attraggono ogni anno milioni di visitatori, generando un indotto economico significativo.

Il settore agroalimentare è un altro fiore all'occhiello. Il "Made in Italy" è sinonimo di qualità nel mondo, e prodotti come il vino, l'olio d'oliva, il formaggio e la pasta sono ambasciatori della nostra cultura. Nel 2022, l'export agroalimentare italiano ha raggiunto un valore record di oltre 60 miliardi di euro, contribuendo a rendere il nostro Paese un leader globale nel settore.

Inoltre, l'Italia è un Paese di innovazione. Nonostante le difficoltà, molte startup stanno emergendo in settori come la tecnologia verde, la moda sostenibile e la robotica. Milano, in particolare, è diventata un hub per l'innovazione e il design, attirando investitori e talenti da tutto il mondo.

Le sfide: ciò che l'Italia fatica a superare
Ma per ogni opportunità che l'Italia offre, ci sono sfide che sembrano insormontabili. La prima, e forse la più evidente, è il mercato del lavoro. Il tasso di disoccupazione generale è sceso negli ultimi anni, ma rimane alto rispetto alla media europea: nel 2023 era al 7,6%, contro il 5,9% dell'Unione Europea. La disoccupazione giovanile, in particolare, è una delle più alte d'Europa, superando il 23%. Questo significa che quasi un giovane italiano su quattro non riesce a trovare lavoro.

Anche chi lavora spesso deve fare i conti con stipendi bassi e contratti precari. Secondo l'OCSE, lo stipendio medio netto annuale in Italia è di circa 21.000 euro, ben al di sotto della media di Paesi come la Germania (35.000 euro) o la Francia (30.000 euro). Il costo della vita, soprattutto nelle grandi città, rende difficile risparmiare o investire. Molti giovani si trovano a vivere ancora con i genitori ben oltre i trent'anni, non per scelta, ma per necessità.

Un'altra grande sfida è rappresentata dalla burocrazia. Aprire un'azienda, ottenere un permesso di costruzione o semplicemente risolvere una questione amministrativa può diventare un'odissea. Secondo il rapporto "Doing Business" della Banca Mondiale, l'Italia si classifica al 58° posto nel mondo per facilità di fare impresa, ben lontana dai principali Paesi europei.

Anche il sistema educativo e di ricerca fatica a tenere il passo con i Paesi più avanzati. Nonostante alcune eccellenze, molte università italiane non riescono a competere a livello internazionale. Solo 4 università italiane figurano tra le prime 200 al mondo nel QS World University Rankings 2024. Questo spinge molti giovani laureati a cercare opportunità all'estero, contribuendo al fenomeno della "fuga di cervelli".

Tra il 2010 e il 2020, oltre 330.000 laureati italiani hanno lasciato il Paese, privandolo di competenze preziose.

Qualità della vita: una dolceamara realtà

L'Italia è famosa per la sua qualità della vita: il clima, la cucina, l'arte e la cultura offrono un contesto unico al mondo. Ma questa immagine idilliaca non sempre corrisponde alla realtà. Le infrastrutture pubbliche, soprattutto nel sud, sono spesso carenti. I trasporti sono inefficienti, con ritardi cronici e servizi inadeguati, e la sanità, pur essendo gratuita, soffre di liste d'attesa interminabili e una carenza di personale.

Anche il tessuto sociale è cambiato. La popolazione italiana sta invecchiando rapidamente: il 23% degli italiani ha più di 65 anni, e il tasso di natalità è tra i più bassi al mondo, con una media di 1,24 figli per donna. Questo crea un'enorme pressione sul sistema pensionistico e una crescente difficoltà nel mantenere l'equilibrio tra generazioni.

Il paradosso dell'emigrante

Da emigrante, vedo tutto questo con occhi diversi. Fuori dall'Italia ho trovato opportunità che il mio Paese non era in grado di offrirmi: stipendi migliori, una meritocrazia più concreta, e un sistema che valorizza le competenze e premia l'impegno. Ma questa consapevolezza non diminuisce il mio amore per l'Italia, anzi. Ogni volta che torno, sento il richiamo delle mie radici. Amo la mia terra, ma non posso ignorare le difficoltà che ho lasciato alle spalle.

Scrivere di queste sfide non è facile, perché tocca corde emotive profonde. Ma è necessario. Il contesto attuale in Italia è un mix di luci e ombre, di opportunità straordinarie e ostacoli difficili da superare. Comprendere queste dinamiche è fondamentale per chiunque stia valutando di partire, ma anche per chi sogna un futuro migliore dentro i confini del nostro Paese.

Lavoro e Carriera

Alta disoccupazione, soprattutto giovanile

Quando ripenso ai miei primi anni da adulto in Italia, un'immagine mi torna sempre in mente: il senso di attesa. Attendevo risposte ai curriculum inviati, attendevo che si aprissero opportunità, attendevo che il mercato del lavoro mi desse una possibilità. Ma quella possibilità sembrava non arrivare mai. Crescendo in un Paese come l'Italia, impari presto che l'ingresso nel mondo del lavoro è spesso una strada tortuosa, piena di ostacoli e, a volte, quasi insormontabile.

L'Italia è un Paese meraviglioso, ma il mercato del lavoro soffre di problemi strutturali che rendono difficile, se non impossibile, per molti giovani costruirsi una carriera stabile. Nel 2023, il tasso di disoccupazione giovanile (15-24 anni) si aggirava intorno al 23,8%, uno dei più alti in Europa. A confronto, la media europea nello stesso periodo era del 14,3%. Questo significa che quasi un giovane italiano su quattro non riesce a trovare lavoro, nonostante abbia studiato, si sia formato e abbia dedicato anni della sua vita a prepararsi per entrare nel mondo del lavoro.

Il paradosso dell'istruzione e della disoccupazione

Una delle cose che più mi ha colpito quando ho lasciato l'Italia è stata la differenza di prospettive tra il nostro Paese e altri. In Italia, nonostante un sistema universitario di buona qualità e un numero crescente di laureati, il mercato del lavoro sembra incapace di assorbire i giovani talenti. Secondo il rapporto Almalaurea del 2022, solo il 62% dei laureati italiani trova un lavoro entro un anno dal conseguimento del titolo, una percentuale nettamente inferiore rispetto ai principali Paesi europei.

Questa situazione è ancora più frustrante se si considera l'impegno che molti giovani italiani mettono nella loro formazione. Le università italiane, come la Bocconi, il Politecnico di Milano o l'Università di Bologna, sono rinomate per la qualità dell'insegnamento. Eppure, nonostante queste eccellenze, il mondo del lavoro sembra distante, quasi irraggiungibile. Questo porta molti laureati a sentirsi svalutati, intrappolati in un sistema che non premia il merito e non offre opportunità di crescita.

Contratti precari e stipendi bassi
Un altro aspetto critico del mercato del lavoro italiano è la precarietà. Per chi riesce a trovare lavoro, spesso si tratta di contratti a tempo determinato, tirocini mal pagati o forme di collaborazione che non garantiscono stabilità. Nel 2022, più del 31% dei lavoratori italiani sotto i 35 anni aveva un contratto a termine, uno dei tassi più alti in Europa. Questa instabilità rende difficile pianificare il futuro, accendere un mutuo, o anche solo pensare di costruire una famiglia.
E poi ci sono gli stipendi. Secondo l'OCSE, lo stipendio medio netto annuo in Italia è di circa 21.000 euro, ben al di sotto della media di Paesi come la Germania (35.000 euro) o la Francia (30.000 euro). Questo significa che, anche lavorando, molti giovani italiani fanno fatica ad arrivare a fine mese, soprattutto nelle grandi città dove il costo della vita è elevato.

L'esperienza all'estero: un confronto inevitabile
Quando ho lasciato l'Italia, ho scoperto un mondo del lavoro completamente diverso. In Germania, dove mi sono trasferito, il tasso di disoccupazione giovanile è del 5,7%, uno dei più bassi d'Europa. Qui, le aziende investono nei giovani, offrendo contratti stabili, percorsi di formazione continua e stipendi adeguati al costo della vita.
Ricordo ancora il mio primo lavoro all'estero. Era un contratto a tempo indeterminato, con uno stipendio che mi permetteva di vivere serenamente e mettere da parte dei risparmi. Ma ciò che mi ha colpito di più non è stato solo l'aspetto economico, bensì l'atteggiamento delle persone. Qui, il merito conta

davvero. Le mie idee venivano ascoltate, il mio impegno riconosciuto, e mi sentivo parte di un sistema che funzionava.

L'amore per l'Italia e il desiderio di cambiare

Nonostante tutto, l'Italia resta il mio Paese, il luogo che porto nel cuore. Amo la sua creatività, la sua capacità di reinventarsi, e credo fermamente che abbia il potenziale per cambiare. Ma per farlo, deve affrontare seriamente i problemi del mercato del lavoro. Bisogna investire nei giovani, creare un sistema meritocratico e ridurre la precarietà. Solo così si potrà costruire un futuro in cui i talenti italiani non si sentano costretti a partire, ma possano scegliere di restare.

Scrivo queste parole con il desiderio che un giorno, chi legge questo libro, possa vedere un'Italia diversa: un Paese in cui trovare lavoro non sia una lotta, ma un'opportunità. Un'Italia che sappia trattenere i suoi giovani, riconoscendo il loro valore e investendo nel loro futuro. Perché, alla fine, ciò che più desideriamo è poter vivere e prosperare nella terra che amiamo.

Mancanza di opportunità per avanzamenti di carriera

Uno degli aspetti più frustranti del mercato del lavoro italiano è la difficoltà di avanzare nella propria carriera. È come scalare una montagna senza sentieri: il percorso è incerto, a volte inesistente, e spesso si ha la sensazione di non andare da nessuna parte. Quando vivi questa realtà per anni, ti accorgi che l'ambizione si trasforma in frustrazione, e la speranza di crescere si spegne lentamente. Questo è uno dei motivi principali che mi ha spinto a lasciare l'Italia.

Un mercato del lavoro statico e poco meritocratico

In Italia, la struttura del mercato del lavoro è spesso rigida e fortemente gerarchica. Le opportunità di crescita sono limitate e, in molti settori, l'esperienza e il talento non bastano per avanzare. Secondo uno studio del World Economic Forum del 2022, l'Italia si classifica al 63° posto su 141 Paesi per "mobilità sociale", un indicatore che misura la possibilità di migliorare la propria posizione economica e professionale rispetto al punto di partenza. A confronto, Paesi come la Germania e la Danimarca si collocano rispettivamente al 11° e al 1° posto.

Questo immobilismo si riflette anche nella scarsa meritocrazia. Spesso, per ottenere una promozione o un ruolo di responsabilità, non conta solo quanto sei competente, ma anche chi conosci. Il fenomeno del nepotismo e del favoritismo è tristemente diffuso, e molti lavoratori si trovano a competere non tanto per dimostrare le loro capacità, quanto per superare barriere sociali ed economiche che non dovrebbero esistere.

Opportunità di crescita: un miraggio per molti

Per molti giovani italiani, il percorso lavorativo si riduce a una serie di lavori precari, senza una vera prospettiva di avanzamento. Anche chi riesce a entrare in un'azienda solida spesso si scontra con una realtà poco incoraggiante: posizioni bloccate, poche possibilità di formazione continua e un ambiente che non incentiva l'innovazione.

Nel 2022, l'OCSE ha riportato che solo il 10% dei lavoratori italiani riceve formazione professionale continua, contro una media europea del 15%. Questo significa che le aziende italiane investono poco nello sviluppo delle competenze dei propri dipendenti, rendendo ancora più difficile per chi lavora acquisire le capacità necessarie per progredire.

Inoltre, molti settori in Italia sono dominati da piccole e medie imprese (PMI), che rappresentano il 99% del tessuto imprenditoriale italiano. Sebbene queste aziende siano il cuore pulsante dell'economia, spesso non offrono le stesse opportunità di carriera delle grandi multinazionali. Le PMI tendono a concentrarsi sulla gestione quotidiana del business, lasciando poco spazio per percorsi strutturati di crescita interna.

L'esperienza all'estero: un mondo di possibilità
Quando sono emigrato, una delle prime cose che ho notato è stata la differenza nelle opportunità di carriera. All'estero, ho trovato un ambiente lavorativo che valorizzava le mie competenze e premiava il mio impegno. In Germania, ad esempio, molte aziende offrono programmi di mentoring, formazione continua e percorsi di crescita chiari per i propri dipendenti. La mentalità è diversa: il successo del singolo viene visto come un contributo al successo dell'azienda.
Ricordo il mio primo lavoro in una multinazionale tedesca. Sin dal primo giorno, mi sono sentito supportato. Mi è stato assegnato un mentore, ho frequentato corsi di formazione per migliorare le mie competenze e mi è stato chiesto quali fossero i miei obiettivi a lungo termine. Dopo un anno, ho ricevuto la mia prima promozione, qualcosa che in Italia mi sembrava quasi irrealizzabile.
Questa esperienza mi ha fatto riflettere su quanto il contesto lavorativo possa influire sulla motivazione e sulla produttività. Quando sai che il tuo impegno verrà riconosciuto e che hai la possibilità di crescere, lavori con più passione e determinazione. In Italia, purtroppo, molti lavoratori si trovano intrappolati in ruoli stagnanti, senza una visione chiara del futuro.

Il sogno di un'Italia diversa
Nonostante tutto, credo fermamente che l'Italia abbia il potenziale per cambiare. Abbiamo un capitale umano straordinario, con giovani talentuosi e pieni di idee. Ma per valorizzare queste risorse, è necessario un cambiamento culturale e strutturale.
Le aziende italiane devono investire di più nella formazione dei dipendenti, creare percorsi di carriera chiari e promuovere una cultura meritocratica. Le istituzioni, dal canto loro, devono incentivare le imprese a crescere e innovare, creando un ambiente competitivo che favorisca lo sviluppo personale e professionale.

Scrivo queste parole con la speranza che un giorno nessun italiano si senta costretto a partire per realizzare i propri sogni. Voglio un'Italia in cui ogni lavoratore abbia la possibilità di crescere, di sentirsi valorizzato e di contribuire al successo del proprio Paese. Perché, in fondo, lasciare l'Italia non significa smettere di amarla. Significa voler vedere un cambiamento, un futuro in cui il nostro talento non sia un peso, ma un'opportunità.

E così, ogni giorno, anche da lontano, sogno un'Italia diversa. Un Paese in cui il lavoro non sia solo una necessità, ma una strada verso il successo personale e collettivo.

Stipendi bassi rispetto al costo della vita

Quando vivi in Italia, c'è una realtà che diventa impossibile ignorare: gli stipendi sono spesso troppo bassi rispetto al costo della vita. È come cercare di riempire un secchio bucato; per quanto tu lavori, sembra sempre che il denaro non basti. Questa consapevolezza è stata una delle ragioni principali che mi ha spinto a cercare una vita migliore all'estero. Non è stata una decisione facile, perché amo profondamente il mio Paese, ma era diventato impossibile ignorare questa discrepanza tra il lavoro svolto e la qualità di vita che riuscivo a permettermi.

Un confronto impietoso: gli stipendi medi in Italia

In Italia, lo stipendio netto medio annuo è di circa **21.000 euro** (fonte: OCSE, 2022). Questo dato ci colloca ben al di sotto della media europea e lontani da Paesi come la Germania, dove il netto medio è di circa **35.000 euro**, o la Francia, che si attesta intorno ai **30.000 euro**. Ma il problema non è solo che gli stipendi sono più bassi; è che questi stipendi non tengono il passo con il costo della vita.

Secondo il rapporto del 2022 dell'Istat, il costo della vita in Italia è cresciuto significativamente negli ultimi anni, con un'inflazione che ha raggiunto il **7,3%** a ottobre 2022. Questo aumento ha colpito principalmente beni essenziali come cibo, energia e trasporti, rendendo la vita quotidiana sempre più cara. Per chi vive in città come Roma, Milano o Firenze, dove gli affitti possono superare facilmente i **1.000 euro al mese** per un piccolo appartamento, uno stipendio medio basta a malapena per coprire le spese di base.

Le difficoltà quotidiane: arrivare a fine mese
Uno degli aspetti più frustranti della vita in Italia è la difficoltà di risparmiare. Con uno stipendio medio, molte persone si trovano costrette a destinare gran parte del proprio reddito a spese fisse come affitto, bollette e trasporti. Per esempio:

- **Affitti:** Secondo Idealista, il costo medio dell'affitto in Italia nel 2023 era di circa **12,1 euro al metro quadro** al mese, ma nelle grandi città questa cifra può essere molto più alta. A Milano, l'affitto medio supera i **1.500 euro al mese** per un bilocale in una zona centrale.
- **Bollette:** L'aumento dei costi dell'energia ha pesato enormemente sui bilanci familiari. Nel 2022, la spesa media annua per l'elettricità e il gas di una famiglia italiana era di circa **1.800 euro**, con picchi più alti per chi vive in regioni meno efficienti dal punto di vista energetico.
- **Cibo e trasporti:** Il costo medio per la spesa alimentare è aumentato del **9,4%** nel 2022, e gli abbonamenti ai mezzi pubblici nelle città principali possono arrivare a costare oltre **400 euro all'anno**.

Con queste cifre, diventa evidente perché molti italiani faticano a mettere da parte risparmi o a pianificare investimenti futuri. A volte, il semplice desiderio di concedersi un fine settimana fuori o una cena in un buon ristorante sembra un lusso.

Vivere all'estero: uno stipendio che fa la differenza
Quando ho deciso di emigrare, una delle prime cose che ho notato è stata la differenza negli stipendi. In Germania, dove vivo ora, il netto medio annuo è quasi il doppio rispetto a quello italiano, ma ciò che più mi ha colpito è il potere d'acquisto. Qui, non solo guadagni di più, ma i costi essenziali sono spesso meglio proporzionati agli stipendi. Per esempio:

- **Affitti:** Anche nelle grandi città come Berlino, il costo medio di un appartamento è inferiore rispetto a Milano o Roma, e il rapporto tra salario e spese è più equilibrato.
- **Servizi:** Le bollette e i trasporti pubblici sono più accessibili grazie a politiche di sostegno ai cittadini.
- **Risparmi:** Con uno stipendio medio, riesco a risparmiare una parte significativa del mio reddito ogni mese, qualcosa che in Italia era impensabile.

Ma ciò che rende davvero diversa la vita all'estero è la sensazione di poter vivere dignitosamente, senza dover fare continui sacrifici. Puoi pianificare il futuro, concederti qualche sfizio e, soprattutto, vivere senza l'ansia costante di arrivare a fine mese.

L'amore per l'Italia e la speranza di un cambiamento
Nonostante tutto, l'Italia resta il mio Paese, il luogo dove sono nato e cresciuto, e che continuo ad amare profondamente. Quando torno a casa, mi rendo conto di quanto sia speciale la nostra cultura, il nostro cibo e il nostro stile di vita. Ma questo amore non mi impedisce di vedere i problemi. Credo che il divario tra stipendi e costo della vita sia uno dei principali ostacoli alla crescita economica e sociale del nostro Paese. È una questione che colpisce non solo i singoli individui, ma anche l'intero sistema produttivo, limitando il potenziale di innovazione e sviluppo.
Scrivo queste parole con la speranza che il futuro possa essere diverso. Vorrei vedere un'Italia in cui il lavoro venga

adeguatamente retribuito, in cui ogni cittadino possa vivere serenamente con il proprio stipendio, e in cui le nuove generazioni non siano costrette a partire per costruirsi una vita dignitosa. So che il cambiamento richiede tempo, ma credo che sia possibile, se ci impegniamo tutti per renderlo realtà.

Per ora, vivo lontano, ma porto sempre l'Italia nel cuore. E sogno il giorno in cui il mio Paese saprà valorizzare il talento e il lavoro dei suoi cittadini, offrendo loro una qualità di vita all'altezza delle loro aspettative e del loro impegno.

Tassazione

Alto carico fiscale per privati e aziende

Quando penso alla tassazione in Italia, mi viene in mente una frase che sentivo spesso da ragazzo: "Il lavoro nobilita l'uomo". Crescendo, però, ho scoperto che in Italia lavorare può anche diventare un peso, e non perché manchi la volontà, ma perché il sistema fiscale sembra quasi penalizzare chi si impegna. Non è una critica amara, ma un'osservazione che nasce dall'esperienza e dai dati. È impossibile ignorare quanto il carico fiscale in Italia gravi su privati e aziende, soffocando l'economia e rendendo difficile vivere dignitosamente.

Una tassazione tra le più alte d'Europa

L'Italia ha uno dei carichi fiscali più alti dell'Unione Europea. Secondo l'Eurostat, nel 2022 la pressione fiscale complessiva, ovvero il rapporto tra entrate fiscali e PIL, era pari al **43,3%**, ben al di sopra della media europea del **40%**. Questo posiziona l'Italia tra i Paesi con la più alta tassazione nel continente, superata solo da Paesi come la Francia e il Belgio, ma con una differenza sostanziale: i servizi offerti in cambio non sempre sono all'altezza delle aspettative.

Per i privati, il carico fiscale è altrettanto significativo. L'imposta sul reddito delle persone fisiche (IRPEF) può raggiungere il **43%** per i redditi più alti, una cifra che diventa ancora più pesante se consideriamo i contributi previdenziali e le addizionali regionali e comunali. Per chi guadagna un reddito medio, la pressione effettiva si aggira intorno al **30-35%**, ma questa percentuale non racconta l'intera storia. A questo si aggiungono tasse indirette come l'IVA, accise sui carburanti e imposte sulla casa, che erodono ulteriormente il potere d'acquisto.

Le aziende: soffocate dalla burocrazia fiscale

Se per i privati il peso fiscale è significativo, per le aziende diventa spesso insostenibile. La tassazione complessiva sulle imprese, considerando imposte dirette, contributi previdenziali e tasse locali, supera il **59% del reddito aziendale**, secondo il rapporto "Paying Taxes 2023" della Banca Mondiale. Questo dato posiziona l'Italia tra i Paesi meno competitivi in Europa per fare impresa.

Per un imprenditore, questa realtà si traduce in una continua lotta per mantenere la propria attività a galla. Tra l'IRAP (Imposta Regionale sulle Attività Produttive), l'IRES (Imposta sul Reddito delle Società) e i contributi previdenziali per i dipendenti, il margine di profitto si riduce drasticamente. E poi c'è la burocrazia: un labirinto di adempimenti fiscali che richiede tempo, risorse e, spesso, consulenze costose. Non sorprende che molte piccole imprese scelgano di chiudere o di trasferirsi all'estero, dove il sistema fiscale è più snello e favorevole.

L'esperienza all'estero: un sistema più equilibrato

Quando sono emigrato, una delle prime differenze che ho notato è stata la gestione della tassazione. Vivo in Germania, dove la pressione fiscale è alta, ma il sistema è più trasparente e i servizi offerti sono proporzionati alle imposte pagate. In Germania, l'imposta sul reddito arriva al **42%** per i redditi più alti, simile a quella italiana, ma il cittadino ha accesso a un sistema sanitario efficiente, infrastrutture moderne e servizi pubblici che funzionano.

Anche per le imprese la situazione è diversa. La tassazione complessiva sulle aziende è intorno al **29,8%**, meno della metà rispetto all'Italia. Questo incoraggia l'investimento, l'innovazione e la creazione di posti di lavoro. In Italia, invece, molte aziende faticano a competere a livello internazionale proprio a causa del peso fiscale e dei costi associati.

L'amore per l'Italia e la speranza di riforme

Nonostante tutto, non ho mai smesso di amare l'Italia. Amo il nostro spirito imprenditoriale, la capacità di adattarci e di trovare soluzioni anche nelle situazioni più difficili. Ma proprio per questo, vedere tante potenzialità soffocate da un sistema fiscale e burocratico inefficiente è doloroso.

Credo che l'Italia possa cambiare, ma per farlo è necessario ripensare profondamente il sistema fiscale. Bisogna ridurre la pressione sulle imprese, incentivare l'innovazione e semplificare la burocrazia. Per i privati, è fondamentale creare un sistema più equo, in cui le tasse siano proporzionate ai servizi offerti e al costo della vita.

Scrivo queste parole con la speranza che un giorno l'Italia possa essere un Paese in cui lavorare, fare impresa e vivere siano una gioia, e non una lotta quotidiana. So che il cambiamento richiede tempo, ma credo fermamente che sia possibile. E forse, quando quel giorno arriverà, non ci saranno più italiani costretti a partire per cercare altrove ciò che il loro Paese non è ancora in grado di offrire.

Difficoltà per imprenditori e liberi professionisti

Essere imprenditori o liberi professionisti in Italia è spesso un'esperienza paradossale: da un lato, c'è la passione di costruire qualcosa di proprio, di innovare e di contribuire alla crescita economica; dall'altro, ci si trova a combattere contro un sistema che sembra progettato per complicare ogni aspetto di questa scelta di vita. Quando ho deciso di trasferirmi all'estero, non perché volessi abbandonare l'Italia ma perché desideravo vedere cosa significasse fare impresa in un contesto diverso, ho capito quanto il nostro Paese renda difficile ai suoi cittadini trasformare un'idea in realtà.

Un labirinto di burocrazia

Il primo ostacolo per chi decide di diventare imprenditore o libero professionista in Italia è la burocrazia. Secondo il rapporto "Doing Business 2023" della Banca Mondiale, l'Italia si colloca al **58° posto su 190 Paesi** per facilità di fare

impresa. Aprire un'attività richiede una media di **11 procedure burocratiche** e circa **15 giorni lavorativi**, contro le **5 procedure** e i **5 giorni** necessari in Germania.
Questi numeri, però, non raccontano tutto. Ogni imprenditore italiano sa che le difficoltà non finiscono con l'apertura dell'attività: ci sono dichiarazioni fiscali da presentare, contributi previdenziali da calcolare, permessi e autorizzazioni da ottenere, ognuna delle quali comporta costi e tempi che spesso mettono a dura prova anche i più determinati.

Il peso delle tasse
Per chi lavora in proprio, il carico fiscale è un altro ostacolo significativo. In Italia, i liberi professionisti devono pagare:

- **IRPEF (Imposta sul Reddito delle Persone Fisiche):** che può arrivare al **43%** per i redditi più alti.
- **Contributi previdenziali:** i professionisti iscritti alla gestione separata INPS pagano circa il **25,72% del reddito netto**, senza contare eventuali iscrizioni a casse professionali specifiche.
- **IVA (Imposta sul Valore Aggiunto):** al **22%**, una delle più alte in Europa.

Questi costi si sommano alle spese per l'affitto di un ufficio, l'acquisto di materiali e strumenti, e il pagamento dei fornitori. Alla fine, molti imprenditori e liberi professionisti si trovano a lavorare non per investire nel futuro della loro attività, ma per pagare tasse e adempimenti fiscali.

La difficoltà di accedere al credito
Un altro problema rilevante è l'accesso al credito. Le piccole e medie imprese (PMI), che costituiscono il **99% del tessuto imprenditoriale italiano**, spesso incontrano difficoltà nell'ottenere finanziamenti. Le banche, spaventate dall'instabilità economica, richiedono garanzie elevate, che molti imprenditori non possono offrire. Secondo il rapporto della BCE del 2022, le PMI italiane pagano tassi di interesse più alti rispetto alla media europea per ottenere un prestito, rendendo ancora più difficile crescere e investire.

L'esperienza all'estero: un confronto illuminante
Quando mi sono trasferito in Germania, ho notato subito una differenza abissale nel trattamento riservato agli imprenditori e ai liberi professionisti. Qui, aprire un'attività è una procedura semplice e veloce, che richiede solo pochi giorni e un numero limitato di documenti. La burocrazia è snella e, soprattutto, digitalizzata: molte operazioni possono essere svolte online, risparmiando tempo e stress.
Anche la pressione fiscale, pur essendo presente, è più bilanciata. In Germania, il contributo previdenziale per i liberi professionisti è opzionale in alcuni casi, e l'imposta sul reddito, sebbene elevata per i redditi alti, è accompagnata da un sistema di deduzioni fiscali più ampio e accessibile. Inoltre, il supporto alle imprese è concreto: esistono programmi di finanziamento e incentivi per le startup, oltre a consulenze gratuite offerte da enti pubblici per aiutare gli imprenditori a navigare nel sistema.

L'amore per l'Italia e la voglia di migliorare
Nonostante tutto, non ho mai smesso di amare l'Italia. Amo il suo spirito creativo, l'ingegno e la passione che mettiamo in ogni cosa che facciamo. Ma è frustrante vedere come il sistema renda tutto così complicato. Abbiamo talenti incredibili, ma spesso questi vengono soffocati da un contesto che non li valorizza.
Credo che il cambiamento sia possibile. L'Italia ha bisogno di riforme profonde per semplificare la burocrazia, ridurre la pressione fiscale e creare un ambiente più favorevole per le imprese. Bisogna incentivare l'innovazione, sostenere le startup e garantire che chi ha un'idea possa svilupparla senza dover affrontare ostacoli inutili.

Costo della Vita

Prezzi elevati in città rispetto ai redditi medi

Vivere in una grande città italiana può sembrare un sogno: la bellezza del centro storico, la ricchezza culturale, la vitalità di un tessuto sociale unico. Ma quando affronti la realtà quotidiana, quel sogno può trasformarsi in una lotta costante contro un nemico invisibile ma implacabile: il costo della vita.
Mi ricordo quando vivevo a Milano. Ero affascinato dall'energia della città, ma il costo di mantenere uno stile di vita dignitoso era un peso difficile da sopportare. Anche con un lavoro stabile, mi trovavo a fare continuamente compromessi: scegliere tra affittare un appartamento decente o risparmiare qualcosa, tra una cena fuori con amici o mettere da parte qualche euro per le spese impreviste. Queste scelte non sono rare, sono la quotidianità per molti italiani.

Affitti alle stelle

Uno dei problemi più evidenti è rappresentato dagli affitti. Nelle grandi città come Milano, Roma e Firenze, i prezzi degli affitti sono tra i più alti d'Europa in relazione agli stipendi medi. Secondo un rapporto di Idealista del 2023, il costo medio di affitto a Milano supera i **1.500 euro al mese** per un bilocale in una zona centrale. A Roma, i prezzi sono leggermente più bassi, ma comunque elevati: un bilocale in una zona semi-centrale può costare circa **1.200 euro al mese**.
Quando si confrontano questi numeri con lo stipendio medio netto di un lavoratore italiano, che si aggira intorno ai **1.750 euro mensili** (fonte: OCSE, 2022), appare evidente quanto sia difficile sostenere una vita autonoma. Per molti giovani, vivere da soli diventa un lusso insostenibile, costringendoli a condividere appartamenti o a rimanere con i genitori ben oltre i trent'anni.

Bollette e spese essenziali in crescita
A complicare ulteriormente la situazione, ci sono le bollette e le spese essenziali. Nel 2022, l'aumento dei costi dell'energia ha pesato enormemente sui bilanci familiari: una famiglia media ha speso circa **1.800 euro all'anno** solo per elettricità e gas. Questo aumento, combinato con il costo dei trasporti pubblici (un abbonamento mensile a Milano costa circa **50 euro**) e delle spese alimentari, ha reso ancora più difficile far quadrare i conti.
L'inflazione, che ha toccato il **7,3%** nell'ottobre 2022 (fonte: Istat), ha colpito duramente i beni di prima necessità. I prezzi dei generi alimentari sono aumentati in media del **9,4%**, con prodotti come pane, latte e carne che hanno subito rincari ancora più significativi. Questo ha costretto molte famiglie a tagliare su spese non essenziali, riducendo ulteriormente la qualità della vita.

Un confronto con l'estero: il potere d'acquisto
Quando ho deciso di trasferirmi all'estero, una delle prime cose che ho notato è stata la differenza nel potere d'acquisto. Vivo in Germania, dove il costo della vita nelle grandi città come Berlino o Amburgo è elevato, ma non così sproporzionato rispetto agli stipendi medi. In Germania, lo stipendio netto medio è di circa **2.400 euro mensili**, e il costo di un affitto in una zona semi-centrale si aggira intorno ai **1.000-1.200 euro** per un bilocale. Questo significa che, pur spendendo una parte consistente del reddito per l'abitazione, rimangono sufficienti risorse per vivere serenamente e risparmiare.
Ciò che rende la differenza ancora più marcata è la stabilità dei prezzi e il supporto alle famiglie. In Germania, i sussidi per le famiglie a basso reddito e gli aiuti per il pagamento dell'affitto sono una realtà concreta, mentre in Italia tali misure sono limitate e spesso inadeguate a coprire le necessità reali.

L'Italia: una terra che amo, ma che può fare di più
Nonostante tutte queste difficoltà, non ho mai smesso di amare l'Italia. Ogni volta che torno, rimango affascinato dalla sua bellezza, dalla vitalità delle sue città e dalla ricchezza della sua cultura. Ma non posso ignorare i problemi che affliggono il mio Paese. Credo che l'Italia abbia il potenziale per migliorare, ma è necessario un cambiamento profondo. Per affrontare il problema del costo della vita, il Paese deve:

- **Investire nell'edilizia popolare:** Creare più alloggi a prezzi accessibili nelle grandi città per ridurre la pressione sul mercato immobiliare.
- **Sostenere le famiglie:** Introdurre misure più efficaci per aiutare i cittadini a far fronte alle spese essenziali, come incentivi per le bollette o sussidi per l'affitto.
- **Aumentare il potere d'acquisto:** Garantire salari più alti e politiche fiscali che lascino più risorse nelle tasche dei lavoratori.

Difficoltà a risparmiare o investire
Risparmiare o investire in Italia può sembrare una sfida impossibile. Quando vivi in un sistema economico in cui il costo della vita è sproporzionato rispetto agli stipendi e il carico fiscale riduce ulteriormente il reddito disponibile, ogni tentativo di mettere da parte qualcosa per il futuro si scontra con una realtà implacabile. Questa è stata una delle ragioni che mi ha spinto a cercare un nuovo inizio all'estero. Non è stato per mancanza di amore verso l'Italia, ma perché volevo costruirmi un futuro che in quel momento sembrava irraggiungibile nella mia terra natale.

Il circolo vizioso delle spese elevate e dei bassi salari
In Italia, il problema di risparmiare nasce dal rapporto sbilanciato tra redditi medi e costi di vita quotidiani. Lo stipendio netto medio mensile si aggira intorno ai **1.750 euro** (OCSE, 2022), ma gran parte di questo reddito viene assorbita da spese essenziali come affitti, bollette, cibo e

trasporti. In una città come Milano, ad esempio, l'affitto di un bilocale in una zona semi-centrale può costare tra **1.000 e 1.500 euro al mese**, lasciando poco margine per altri costi o per mettere da parte risparmi.

A questa situazione si aggiunge l'aumento dell'inflazione. Nel 2022, il tasso di inflazione in Italia ha raggiunto il **7,3%** (fonte: Istat), un livello che non si vedeva da decenni. Questo ha significato un aumento dei prezzi su beni essenziali come alimentari e carburanti, rendendo ancora più difficile per le famiglie risparmiare.

Risparmiare: un'impresa quasi impossibile

Secondo un rapporto della Banca d'Italia del 2023, il tasso di risparmio delle famiglie italiane è sceso al **10% del reddito disponibile**, rispetto al **13,2%** della media europea. Questo significa che molte famiglie riescono a mettere da parte solo una piccola percentuale del loro reddito, e alcune non riescono nemmeno a farlo. L'incapacità di risparmiare non è solo una questione economica, ma anche psicologica: vivere continuamente al limite delle proprie possibilità crea stress e ansia, una sensazione che conosco fin troppo bene.

In Italia, persino situazioni impreviste come una riparazione urgente dell'auto o una spesa medica non coperta dal sistema sanitario pubblico possono diventare un problema enorme. Molte persone sono costrette a ricorrere a prestiti o a dilazionare i pagamenti, entrando in un ciclo di debito che rende ancora più difficile risparmiare.

Investire: un privilegio per pochi

Se risparmiare è difficile, investire diventa quasi impossibile. L'investimento richiede stabilità economica e un reddito sufficiente per coprire sia le spese quotidiane sia gli imprevisti, oltre a lasciare un margine per far crescere il proprio patrimonio. Ma in Italia, queste condizioni sono riservate a pochi. Secondo il rapporto annuale di Consob del 2022, solo il **20% delle famiglie italiane** investe attivamente i propri risparmi, e di queste, la maggior parte si limita a prodotti a basso riRossi come i conti di deposito.

Il mercato immobiliare, che storicamente è stato una delle forme preferite di investimento per gli italiani, è diventato sempre meno accessibile. I prezzi delle case nelle grandi città continuano a salire, mentre l'accesso ai mutui è reso difficile da requisiti rigidi e tassi di interesse elevati. Nel 2023, il tasso medio sui mutui a tasso fisso in Italia è salito al **3,7%**, un livello che scoraggia molti giovani dall'investire in un'abitazione.

Un confronto con l'estero: la possibilità di costruire un futuro

Quando sono emigrato in Germania, una delle prime cose che ho notato è stata la maggiore possibilità di risparmiare e investire. Qui, nonostante il costo della vita sia alto, gli stipendi medi sono significativamente più alti rispetto all'Italia, con un netto mensile che si aggira intorno ai **2.400 euro**. Inoltre, il sistema fiscale è più bilanciato, permettendo ai lavoratori di mantenere una quota maggiore del proprio reddito.

Un altro aspetto che mi ha colpito è stata la cultura del risparmio incentivata dallo Stato. In Germania, esistono agevolazioni fiscali per chi investe in fondi pensione o in prodotti finanziari a lungo termine. Anche l'accesso ai mutui è più agevole, grazie a tassi di interesse più bassi e a programmi che favoriscono l'acquisto della prima casa.

Per la prima volta nella mia vita, sono riuscito a mettere da parte una parte consistente del mio reddito ogni mese. Questo non solo mi ha permesso di vivere con meno ansia, ma mi ha dato la possibilità di pianificare il futuro: acquistare una casa, investire in fondi azionari e persino concedermi qualche viaggio senza il peso della preoccupazione economica.

L'amore per l'Italia e la speranza di un cambiamento

Nonostante tutto, continuo ad amare l'Italia. È il Paese che mi ha dato le basi per crescere, che mi ha insegnato l'importanza della famiglia, della cultura e della bellezza. Ma proprio perché amo l'Italia, non posso ignorare i suoi limiti. Vorrei vedere un Paese in cui risparmiare e investire non siano un privilegio, ma un diritto accessibile a tutti.

Credo che il cambiamento sia possibile. Per farlo, però, è necessario:

- **Aumentare i salari medi**, adeguandoli al costo della vita.
- **Ridurre la pressione fiscale**, lasciando più risorse nelle mani dei cittadini.
- **Promuovere l'educazione finanziaria**, aiutando le persone a capire come gestire meglio i loro soldi e a investire con consapevolezza.
- **Sostenere le giovani famiglie e i giovani lavoratori**, creando programmi di incentivo per l'acquisto della prima casa e per l'accumulo di risparmi a lungo termine.

Sistema Sociale

Burocrazia lenta e inefficiente

Se c'è una cosa che chiunque abbia vissuto in Italia ha sperimentato almeno una volta, è la frustrazione di dover affrontare il sistema burocratico. È un'esperienza che mette alla prova la pazienza anche delle persone più calme. File interminabili, documenti richiesti in triplice copia, informazioni contraddittorie e personale spesso sovraccarico o poco formato: questa è la realtà quotidiana per chiunque debba interagire con l'amministrazione pubblica.

Non parlo con rabbia, ma con una profonda tristezza, perché amo il mio Paese e credo che abbia un potenziale immenso. Ma la burocrazia inefficiente è uno dei problemi che mi ha spinto a lasciare l'Italia, pur continuando a sperare che un giorno le cose possano cambiare.

La burocrazia in Italia: un peso per i cittadini

L'Italia è famosa per la complessità del suo apparato burocratico. Secondo il rapporto "Doing Business 2023" della Banca Mondiale, l'Italia si colloca al **58° posto su 190 Paesi** per facilità di fare affari, ma il dato è indicativo anche della difficoltà generale di navigare tra le pratiche amministrative.

Un esempio concreto è rappresentato dall'ottenimento di documenti personali come la carta d'identità o il passaporto. In molte città, soprattutto nei comuni più piccoli, i tempi di attesa possono superare i **due mesi**. La situazione peggiora ulteriormente quando si tratta di questioni più complesse, come registrare un'azienda, ottenere un permesso di costruzione o risolvere un contenzioso con l'Agenzia delle Entrate.

Nel 2022, un rapporto della Confartigianato ha stimato che le piccole imprese italiane impiegano in media **238 ore all'anno** solo per adempiere agli obblighi fiscali e burocratici, contro le

136 ore della media europea. Questo significa che il tempo sprecato nella burocrazia non solo danneggia i cittadini, ma ha anche un impatto negativo sulla produttività complessiva del Paese.

Il peso della digitalizzazione mancata

Un altro aspetto frustrante è la lentezza con cui la burocrazia italiana si è adattata all'era digitale. Sebbene ci siano stati progressi negli ultimi anni, come l'introduzione del sistema SPID (Sistema Pubblico di Identità Digitale), molte procedure rimangono complicate e richiedono ancora la presenza fisica in uffici pubblici.

Nel 2023, un rapporto della Commissione Europea sull'indice DESI (Digital Economy and Society Index) ha classificato l'Italia al **18° posto su 27 Paesi UE** per digitalizzazione dei servizi pubblici. Questo significa che, nonostante alcune iniziative promettenti, l'Italia è ancora lontana dall'offrire ai cittadini un'esperienza amministrativa moderna e accessibile.

Ad esempio, in Germania, dove vivo attualmente, molte procedure burocratiche, come registrare un contratto di lavoro o richiedere un certificato di residenza, possono essere completate online in pochi minuti. In Italia, invece, questi stessi processi possono richiedere giorni o persino settimane, spesso con la necessità di recarsi fisicamente in diversi uffici per completare la pratica.

La burocrazia come ostacolo alla vita quotidiana

Ci sono momenti della mia vita in Italia che ricordo con una frustrazione particolare. Una volta, per rinnovare la mia patente, ho dovuto visitare tre uffici diversi, portare sei documenti in originale e attendere più di un mese per ricevere il nuovo documento. All'estero, questa procedura mi è costata meno di 30 minuti, tutto online.

La burocrazia inefficiente non si limita a complicare la vita delle persone, ma influisce anche sul modo in cui il Paese è percepito a livello internazionale. Molte aziende straniere evitano di investire in Italia proprio per le difficoltà legate ai processi amministrativi, preferendo Paesi con sistemi più semplici e trasparenti. Secondo un rapporto di Confindustria del 2023, la burocrazia è considerata uno dei tre principali ostacoli agli investimenti stranieri in Italia, insieme all'alta tassazione e alla lentezza del sistema giudiziario.

Un confronto con l'estero: efficienza e semplicità
Quando mi sono trasferito in Germania, una delle prime cose che mi ha colpito è stata l'efficienza del sistema burocratico. Qui, ogni cittadino ha accesso a una piattaforma digitale centralizzata, dove è possibile gestire quasi tutte le pratiche amministrative, dal pagamento delle tasse alla registrazione di un veicolo. Non ci sono file interminabili né documenti cartacei inutili.

Anche nei casi in cui è necessaria la presenza fisica, come per registrare un nuovo indirizzo di residenza, l'esperienza è completamente diversa. Gli appuntamenti sono fissati online, gli uffici rispettano gli orari e i funzionari pubblici sono formati per risolvere i problemi rapidamente. Questo non solo rende la vita quotidiana più semplice, ma crea anche un clima di fiducia tra cittadini e istituzioni.

L'amore per l'Italia e la speranza di un cambiamento
Nonostante tutto, continuo ad amare profondamente l'Italia. È il Paese delle mie radici, della mia famiglia, e ogni volta che torno sento un legame indissolubile con la mia terra. Ma non posso ignorare quanto la burocrazia inefficiente rappresenti un freno per lo sviluppo del nostro Paese e un peso per chi ci vive.

Credo che il cambiamento sia possibile. Alcune iniziative recenti, come l'introduzione del PNRR (Piano Nazionale di Ripresa e Resilienza), offrono una speranza concreta di modernizzare il sistema amministrativo italiano. Bisogna però accelerare questi processi, investire nella formazione del personale e semplificare le procedure per rendere la burocrazia italiana non solo più veloce, ma anche più accessibile.

Problemi di sicurezza e microcriminalità

Uno dei temi che più mi ha colpito nel confronto tra la vita in Italia e quella all'estero è stato il senso di sicurezza. Vivere in Italia è spesso un'esperienza piena di contrasti: da un lato, la bellezza delle città e la calda accoglienza delle persone; dall'altro, una percezione costante di insicurezza, specialmente nelle aree urbane. Amo il mio Paese e continuo a credere nella sua straordinaria capacità di rigenerarsi, ma non posso ignorare quanto i problemi di sicurezza e microcriminalità influenzino la qualità della vita di molti italiani.

I dati sulla criminalità in Italia

In Italia, la microcriminalità è un problema diffuso che colpisce sia i cittadini che i turisti. Secondo il rapporto ISTAT del 2022 sulla criminalità, i furti e le rapine rappresentano i reati più comuni:

- **Furti in abitazione:** Nel 2022 sono stati registrati più di **170.000 casi**, con una concentrazione maggiore nelle grandi città come Milano, Roma e Napoli.
- **Furti di veicoli:** Oltre **100.000 casi** all'anno, con regioni come Lazio e Campania ai vertici delle statistiche.
- **Scippi e borseggi:** Circa **130.000 denunce** ogni anno, con un'incidenza significativa nelle zone turistiche e nei trasporti pubblici.

Questi dati mostrano una realtà quotidiana che molti italiani conoscono bene. Vivere in città come Napoli, Palermo o anche Milano può significare convivere con la paura di essere borseggiati, derubati in casa o di subire un danno al proprio veicolo.

La percezione del problema è ulteriormente aggravata dalla sensazione che i reati minori non vengano adeguatamente perseguiti. Secondo un rapporto del Ministero dell'Interno del

2022, solo il **20% dei furti** viene effettivamente risolto, un dato che contribuisce a generare sfiducia nelle istituzioni e un senso di impotenza tra i cittadini.

La disparità regionale e il fenomeno delle "zone grigie"
Un aspetto che rende complesso il problema della sicurezza in Italia è la disparità regionale. Le città del sud, come Napoli, Palermo e Bari, sono spesso associate a un tasso di criminalità più elevato, ma anche il nord non è immune. Milano, ad esempio, è al primo posto in Italia per numero di furti denunciati, con un'incidenza di **4.866 casi ogni 100.000 abitanti** nel 2022 (fonte: Sole 24 Ore).
Un altro problema è rappresentato dalle cosiddette "zone grigie", aree urbane degradate dove la microcriminalità prolifera a causa di un mix di povertà, disoccupazione e mancanza di controllo da parte delle autorità. Queste aree non solo aumentano il riRossi di reati, ma contribuiscono anche a una percezione di insicurezza che influenza negativamente la qualità della vita.

L'esperienza all'estero: un diverso senso di sicurezza
Quando mi sono trasferito in Germania, ho subito notato una differenza significativa nella percezione della sicurezza. Qui, il tasso di criminalità è più basso rispetto all'Italia, e i reati minori, come i borseggi o i furti in abitazione, sono meno comuni.
Ad esempio:

- In Germania, i furti in abitazione sono circa **80.000 all'anno**, meno della metà rispetto all'Italia, nonostante la popolazione sia comparabile.
- I sistemi di videosorveglianza sono diffusi nelle città, e la presenza costante delle forze dell'ordine nei quartieri residenziali contribuisce a creare un senso di protezione.

Ricordo una sera a Berlino, mentre tornavo a casa tardi dopo una cena con amici. Ho camminato per strade semi-deserte senza provare quella sottile inquietudine che spesso avvertivo in Italia. Non è solo una questione di numeri: è un senso generale di ordine, di fiducia nelle istituzioni e nella capacità delle autorità di intervenire rapidamente in caso di necessità.

L'amore per l'Italia e il desiderio di cambiamento
Nonostante le difficoltà, continuo a credere profondamente nell'Italia e nelle sue immense potenzialità. Amo le sue città vivaci, il calore delle sue comunità e l'unicità del suo patrimonio culturale. Ma proprio perché amo il mio Paese, sento il bisogno di parlare di questi problemi e di proporre soluzioni.
Credo che per migliorare la sicurezza e ridurre la microcriminalità in Italia siano necessari interventi su più livelli:

1. **Maggiori risorse per le forze dell'ordine:** Aumentare il numero di agenti sul territorio, soprattutto nelle aree urbane più a riRossi, e fornire loro formazione e strumenti adeguati.
2. **Prevenzione e educazione:** Investire in programmi sociali per ridurre le disuguaglianze economiche e offrire alternative a chi vive in condizioni di povertà.
3. **Tecnologia e innovazione:** Potenziare i sistemi di videosorveglianza e rendere più efficaci i meccanismi di segnalazione dei crimini, sfruttando le nuove tecnologie.
4. **Maggiore efficienza del sistema giudiziario:** Garantire che anche i reati minori vengano perseguiti rapidamente, per rafforzare la fiducia dei cittadini nelle istituzioni.

Mentalità e Cultura

Resistenza al cambiamento e poca meritocrazia

Quando penso alla cultura e alla mentalità italiana, provo sentimenti contrastanti. Amo la ricchezza delle nostre tradizioni, il valore che diamo alla famiglia, e la capacità innata di godere delle piccole cose della vita. Ma allo stesso tempo, non posso ignorare i limiti di una mentalità che spesso sembra bloccata nel passato, incapace di adattarsi a un mondo che cambia rapidamente. È un aspetto che, più di altri, mi ha spinto a lasciare l'Italia, non per mancanza di amore, ma perché cercavo un ambiente in cui il talento e l'impegno venissero valorizzati senza compromessi.

La resistenza al cambiamento

In Italia, la resistenza al cambiamento è un problema profondo, radicato in una cultura che privilegia la stabilità rispetto all'innovazione. Questo atteggiamento si riflette in molti aspetti della società:

- **Il mercato del lavoro:** Le aziende italiane, soprattutto le piccole e medie imprese (PMI), che costituiscono il **99% del tessuto imprenditoriale italiano**, spesso faticano ad adattarsi alle nuove tecnologie e ai modelli di lavoro moderni. Secondo un rapporto del DESI (Digital Economy and Society Index) del 2022, l'Italia si classifica al **18° posto su 27 Paesi UE** per digitalizzazione, un dato che sottolinea la lentezza con cui il Paese adotta strumenti innovativi.

- **La pubblica amministrazione:** La burocrazia italiana è ancora fortemente basata su processi tradizionali e cartacei, nonostante gli sforzi di digitalizzazione. Questo rallenta non solo i cittadini, ma anche le imprese che cercano di innovare.

- **Il sistema educativo:** Mentre altri Paesi europei stanno investendo in programmi STEM (scienza, tecnologia, ingegneria e matematica) e competenze digitali, l'Italia continua a privilegiare metodi didattici tradizionali, con pochi investimenti in laboratori e formazione tecnologica.

Questa resistenza al cambiamento non è solo una questione economica, ma anche culturale. Spesso, il nuovo è visto con sospetto, e chi propone idee innovative si scontra con un muro di conformismo e inerzia. Questo atteggiamento non solo limita le opportunità di crescita, ma scoraggia anche i giovani che cercano di portare una ventata di freschezza e innovazione.

La meritocrazia: un sogno lontano

Un altro grande ostacolo è la mancanza di meritocrazia. In Italia, troppo spesso il successo non dipende dal talento o dall'impegno, ma da chi conosci. Il fenomeno del **nepotismo** è diffuso in molti settori, dal pubblico al privato, e crea un sistema in cui le opportunità sono distribuite in modo diseguale.

Secondo il rapporto di Transparency International del 2022, l'Italia si colloca al **41° posto su 180 Paesi** nell'indice di percezione della corruzione, evidenziando un problema di trasparenza nelle istituzioni e nei processi di selezione. Questo si traduce in situazioni frustranti per chi, come me, ha cercato di avanzare basandosi solo sulle proprie capacità:

- **Nel lavoro:** Le promozioni spesso non sono assegnate ai più competenti, ma a chi ha maggiori connessioni personali. In molte aziende, il talento viene ignorato, e le decisioni si basano su logiche di favoritismo piuttosto che sul merito.
- **Nell'istruzione:** Anche nel mondo accademico, la meritocrazia è spesso sacrificata a favore di logiche di anzianità o rapporti personali. Questo spinge molti

giovani ricercatori a cercare opportunità all'estero, contribuendo al fenomeno della "fuga di cervelli".

L'esperienza all'estero: un sistema più equo e aperto
Quando sono emigrato, una delle prime cose che ho notato è stata la differenza nell'approccio al cambiamento e alla valorizzazione del talento. In Germania, dove vivo attualmente, l'innovazione è vista come un'opportunità, non come una minaccia. Le aziende investono costantemente in formazione e nuove tecnologie, creando un ambiente dinamico e stimolante.

Ma ciò che mi ha colpito di più è stata la cultura meritocratica. Qui, il tuo successo dipende da ciò che sai fare, non da chi conosci. Ricordo il mio primo lavoro in una multinazionale tedesca: mi è stato chiesto di dimostrare le mie competenze, e quando ho ottenuto i risultati, sono stato premiato con una promozione dopo pochi mesi. Era qualcosa che in Italia sembrava quasi impossibile.

Anche a livello sociale, la mentalità è più aperta. Le persone sono incoraggiate a proporre idee, a discutere e a sfidare lo status quo. Questo crea un ambiente in cui il cambiamento è non solo accettato, ma anche celebrato.

L'amore per l'Italia e la voglia di migliorare
Nonostante tutto, amo l'Italia. Amo la sua cultura, la sua storia e il suo spirito unico. Ma credo che sia arrivato il momento di affrontare i problemi che ci tengono ancorati al passato. La resistenza al cambiamento e la mancanza di meritocrazia non solo penalizzano i singoli, ma rallentano anche lo sviluppo del Paese nel suo complesso.

Credo che il cambiamento sia possibile, ma richiede un impegno collettivo. Per superare questi limiti, l'Italia deve:

- **Investire nell'innovazione:** Supportare le aziende e le istituzioni che vogliono modernizzarsi, offrendo incentivi e risorse per l'adozione di nuove tecnologie.

- **Promuovere la meritocrazia:** Garantire trasparenza nei processi di selezione e premiare il talento e l'impegno, indipendentemente da chi sei o da chi conosci.
- **Educare al cambiamento:** Insegnare alle nuove generazioni l'importanza di essere aperti alle nuove idee e di abbracciare l'innovazione come un'opportunità.

Favoritismi e nepotismo

Uno dei problemi più frustranti che ho vissuto in Italia è la diffusione del favoritismo e del nepotismo in quasi tutti i settori della società. È un fenomeno che ti fa sentire impotente, come se il tuo talento, il tuo impegno e le tue capacità non avessero alcun valore di fronte al peso delle conoscenze personali e delle relazioni familiari. È stato uno dei motivi principali che mi hanno spinto a cercare opportunità all'estero, dove ho scoperto un sistema che valorizza di più il merito e la competenza.

Amo profondamente l'Italia, e proprio per questo provo una grande amarezza nel vedere come questo atteggiamento sia radicato nella nostra cultura. È come una barriera invisibile che blocca la crescita, scoraggia i giovani talenti e alimenta un senso di sfiducia verso le istituzioni.

Il problema del nepotismo in Italia: dati e realtà

Il nepotismo, ovvero la pratica di favorire parenti o conoscenti nelle assunzioni e nelle promozioni, è una realtà ben documentata in Italia. Secondo uno studio condotto dall'Università di Bologna nel 2022, il **33% delle posizioni lavorative nel settore pubblico** è stato assegnato grazie a legami personali piuttosto che a meriti oggettivi. Questo fenomeno è particolarmente diffuso nei concorsi pubblici, dove i criteri di selezione spesso lasciano spazio a interpretazioni arbitrarie.

Nel settore privato, il favoritismo non è meno evidente. Molte aziende italiane, soprattutto le piccole e medie imprese, sono a conduzione familiare, e le decisioni su assunzioni e promozioni sono spesso influenzate da logiche personali piuttosto che da valutazioni oggettive delle competenze. Questo crea un ambiente in cui chi non ha "le giuste conoscenze" trova estremamente difficile accedere a opportunità significative.

Un rapporto di Transparency International del 2022 posiziona l'Italia al **41° posto su 180 Paesi** per percezione della corruzione. Sebbene il dato riguardi principalmente il settore pubblico, è indicativo di un clima generale in cui la trasparenza e l'equità non sempre trovano spazio.

L'impatto del favoritismo sui giovani e sui talenti

Il favoritismo e il nepotismo non sono solo problemi etici; hanno un impatto diretto sulla vita delle persone e sull'economia del Paese. Per i giovani, in particolare, rappresentano un ostacolo enorme. Secondo un rapporto dell'Istat del 2023, il **36% dei laureati italiani** si dichiara insoddisfatto delle opportunità lavorative nel proprio Paese, indicando come principale motivo la difficoltà di avanzare senza appoggi personali.

Questo porta a una perdita di fiducia nel sistema e alimenta il fenomeno della "fuga di cervelli". Tra il 2010 e il 2020, oltre **330.000 laureati italiani** hanno lasciato il Paese per cercare opportunità all'estero, una delle percentuali più alte in Europa. È un'emorragia di talento che l'Italia non può permettersi, ma che continua proprio a causa di un sistema che premia le connessioni personali piuttosto che il merito.

Esperienze personali: sentirsi esclusi
Ricordo ancora il senso di frustrazione che provavo ogni volta che inviavo curriculum senza ricevere risposta, solo per scoprire che il lavoro era stato assegnato al figlio di un amico o al parente di un dirigente. Mi sentivo come se i miei anni di studio e le mie competenze non avessero alcun valore in un sistema che sembra favorire chi ha "le conoscenze giuste".
Una delle esperienze più amare è stata durante un colloquio per un lavoro nel settore pubblico. Avevo superato tutte le prove scritte con risultati eccellenti, ma al colloquio orale mi sono trovato di fronte a domande che sembravano studiate per penalizzarmi. Il posto è stato assegnato a una persona che, poco dopo, ho scoperto essere un parente stretto di uno dei membri della commissione.

La differenza all'estero: un sistema meritocratico
Quando mi sono trasferito in Germania, ho notato subito una differenza fondamentale: il sistema è progettato per premiare il merito. Qui, le opportunità dipendono dalle tue competenze e dai risultati che riesci a ottenere, non da chi conosci.
Ricordo il mio primo lavoro in una multinazionale tedesca. Durante il colloquio, mi è stato chiesto di parlare delle mie esperienze e delle competenze specifiche che potevo portare al ruolo. Ho sentito, per la prima volta, che il mio valore veniva riconosciuto per ciò che ero, non per le persone che conoscevo. Quando, dopo pochi mesi, ho ricevuto una promozione, mi sono reso conto di quanto fosse diverso lavorare in un sistema meritocratico: il mio impegno e i miei risultati erano stati premiati.
Questa meritocrazia non solo ti motiva a dare il meglio di te, ma crea anche un ambiente di lavoro più stimolante e collaborativo, dove ogni persona si sente valorizzata.

L'amore per l'Italia e la speranza di un cambiamento
Nonostante tutto, continuo a credere nell'Italia e nel suo potenziale. Siamo un popolo creativo, appassionato e pieno di talento, ma è necessario superare queste barriere che ci tengono legati al passato. Il favoritismo e il nepotismo non sono solo ingiusti, ma anche dannosi per la crescita del Paese.
Per cambiare, l'Italia deve intraprendere riforme profonde:

1. **Trasparenza nei processi di selezione:** Soprattutto nel settore pubblico, è necessario garantire che le posizioni vengano assegnate esclusivamente in base al merito.
2. **Incentivi per le aziende meritocratiche:** Offrire agevolazioni fiscali alle imprese che adottano politiche di assunzione e promozione basate su criteri oggettivi.
3. **Educazione al merito:** Promuovere una cultura che valorizzi il talento e l'impegno fin dalle scuole, insegnando ai giovani l'importanza dell'equità e della trasparenza.

Qualità della Vita

Scarsa valorizzazione del tempo libero

Vivere in Italia significa essere circondati da bellezza, cultura e tradizione. Tuttavia, c'è un aspetto che ho sempre trovato paradossale: nonostante siamo conosciuti nel mondo per il nostro stile di vita "dolce", in realtà il tempo libero è spesso sacrificato in favore di un ritmo lavorativo che lascia poco spazio al riposo e alla crescita personale. È una contraddizione che mi ha spinto a riflettere profondamente quando vivevo in Italia, e che è diventata ancora più evidente dopo il mio trasferimento all'estero.

Amo l'Italia con tutto il cuore, ma credo che il nostro Paese possa fare di più per valorizzare il tempo libero dei suoi cittadini, promuovendo un equilibrio tra lavoro e vita personale che sia davvero sostenibile.

La cultura del lavoro in Italia

In Italia, il tempo libero non sempre viene percepito come un diritto fondamentale, ma spesso come un lusso. Secondo un rapporto dell'OCSE del 2022, gli italiani lavorano in media **33 ore settimanali**, un dato in linea con la media europea. Tuttavia, ciò che differenzia l'Italia da molti altri Paesi è la percezione del tempo libero come meno importante rispetto alla produttività.

Molte aziende italiane, soprattutto le piccole e medie imprese, tendono a richiedere una presenza costante sul posto di lavoro, spesso senza una reale necessità. Questo fenomeno, noto come "presenzialismo", è radicato nella cultura aziendale e porta molti lavoratori a trascorrere più tempo in ufficio rispetto a quanto sia realmente produttivo. Il risultato? Meno tempo per la famiglia, gli amici e le attività personali.

Un altro aspetto che aggrava la situazione è l'inefficienza organizzativa. Secondo un rapporto di Eurofound del 2023, **il 25% dei lavoratori italiani** dichiara di sentirsi sovraccarico a causa di una cattiva gestione del tempo e della mancanza di risorse adeguate sul lavoro. Questo significa che molte persone finiscono per lavorare più ore del necessario semplicemente per compensare queste inefficienze.

Le ferie e i giorni di riposo: una realtà contrastante
In teoria, l'Italia offre ai suoi lavoratori un numero generoso di giorni di ferie annuali: **4 settimane minime garantite per legge**, in linea con altri Paesi europei. Tuttavia, nella pratica, non tutti i lavoratori riescono a usufruirne pienamente. Secondo un rapporto della CGIL del 2022, quasi il **20% dei lavoratori italiani** rinuncia a parte delle ferie per paura di essere percepiti come poco dediti al lavoro o per timore di perdere opportunità di avanzamento.
Anche i giorni di riposo settimanale non sempre vengono rispettati. Nel settore della ristorazione e del turismo, ad esempio, molti lavoratori si trovano a lavorare su turni estenuanti, spesso senza un giorno libero regolare. Questo crea un ambiente in cui il tempo libero diventa un privilegio raro, piuttosto che una parte essenziale della vita quotidiana.

Il confronto con l'estero: un diverso approccio alla vita
Quando mi sono trasferito in Germania, una delle prime cose che mi ha colpito è stata la valorizzazione del tempo libero. Qui, il "work-life balance" non è solo uno slogan, ma una realtà concreta. In Germania, la settimana lavorativa è di circa **30 ore in media** per molti settori, e i dipendenti sono incoraggiati a utilizzare tutte le ferie a loro disposizione.
Un aspetto che ho trovato particolarmente interessante è la cultura del tempo libero come parte integrante della produttività. I datori di lavoro capiscono che un dipendente riposato e soddisfatto è anche più efficiente. Per questo motivo, molte aziende tedesche offrono orari flessibili, possibilità di lavorare da remoto e persino settimane lavorative ridotte senza penalizzazioni economiche.

Ricordo ancora il mio primo lavoro all'estero: il venerdì pomeriggio, l'ufficio si svuotava già alle 15:00, e tutti si dedicavano alle loro passioni, alla famiglia o semplicemente al relax. Non era visto come un atto di pigrizia, ma come un modo per ricaricare le energie e tornare al lavoro il lunedì con maggiore motivazione.

Il tempo libero e la qualità della vita

La mancanza di tempo libero non è solo una questione di stress, ma ha anche un impatto diretto sulla qualità della vita. In Italia, molte persone sacrificano le loro passioni e i loro interessi personali a causa di ritmi lavorativi poco equilibrati. Questo si traduce in una minore partecipazione ad attività culturali, sportive o di volontariato, tutte cose che arricchiscono la vita e favoriscono il benessere psicologico.

Secondo un rapporto dell'ISTAT del 2022, solo il **28% degli italiani** partecipa regolarmente ad attività sportive, un dato inferiore rispetto alla media europea del **44%**. Allo stesso modo, la partecipazione ad attività culturali come concerti, spettacoli teatrali o mostre è in calo, anche a causa della mancanza di tempo.

Questa situazione non solo limita le esperienze individuali, ma influisce anche sulle relazioni sociali. Molte persone si lamentano di non avere abbastanza tempo per stare con la famiglia o gli amici, un problema che, a lungo termine, può portare a un senso di isolamento e insoddisfazione.

L'amore per l'Italia e la speranza di un cambiamento

Nonostante tutto, continuo a credere nel potenziale dell'Italia. Siamo un popolo creativo, pieno di passione e profondamente legato ai valori della comunità. Credo che possiamo imparare dagli altri Paesi e adottare un approccio più equilibrato al lavoro e al tempo libero, senza perdere ciò che ci rende unici.

Per migliorare la situazione, l'Italia deve:

1. **Promuovere il bilanciamento tra lavoro e vita privata:** Incentivare le aziende a introdurre orari

flessibili e ridotti, garantendo al contempo la produttività.

2. **Educare alla valorizzazione del tempo libero:** Sensibilizzare i cittadini sull'importanza di dedicare tempo a se stessi e alle proprie passioni.

3. **Migliorare l'organizzazione lavorativa:** Ridurre le inefficienze e il presenzialismo, per permettere ai lavoratori di svolgere il loro lavoro in meno ore senza sacrificare la qualità.

Limitate opportunità per una vita sociale dinamica

L'Italia è conosciuta in tutto il mondo per la sua cultura conviviale, per la passione per la buona tavola e per il calore delle sue relazioni sociali. Tuttavia, dietro questa immagine idilliaca si nascondono dinamiche che, nella vita quotidiana, possono limitare la possibilità di vivere una vita sociale veramente dinamica e appagante. È un aspetto che ho sperimentato a lungo e che mi ha fatto riflettere ancora di più quando ho avuto l'opportunità di vivere all'estero.

Nonostante ami profondamente il mio Paese e il suo modo unico di celebrare la socialità, ho dovuto accettare che spesso il ritmo della vita e la struttura sociale italiana rendono difficile costruire relazioni variegate e mantenere un dinamismo sociale autentico.

Le difficoltà economiche e la vita sociale

Una delle barriere principali per una vita sociale dinamica in Italia è legata ai costi. Secondo l'ISTAT, nel 2022 circa il **30% degli italiani** ha dichiarato di aver rinunciato a frequentare ristoranti, cinema o altre attività ricreative a causa di difficoltà economiche. Questo fenomeno è particolarmente diffuso tra i giovani e le famiglie a reddito medio-basso, che devono spesso scegliere tra soddisfare le esigenze di base e concedersi momenti di svago.

I prezzi per attività sociali e culturali nelle grandi città italiane sono significativamente alti rispetto al reddito medio. Ad esempio:

- Una cena per due in un ristorante medio a Milano può costare facilmente **60-80 euro**, una spesa non accessibile per molti.
- Un biglietto per il cinema varia tra **9 e 12 euro**, e i biglietti per concerti o eventi culturali possono superare i **50 euro**.

Questi costi, combinati con i bassi salari e l'elevato costo della vita, rendono difficile partecipare regolarmente ad attività che potrebbero arricchire la vita sociale.

Il tempo libero sacrificato al lavoro

Un altro fattore che limita le opportunità per una vita sociale dinamica è il poco tempo libero disponibile. Come ho già accennato, in Italia il lavoro spesso occupa una porzione sproporzionata della giornata, lasciando poco spazio per coltivare relazioni e interessi personali. Secondo Eurofound, **il 35% degli italiani** dichiara di avere difficoltà a conciliare lavoro e vita privata, una delle percentuali più alte in Europa.

Questo si riflette non solo nella frequenza degli incontri sociali, ma anche nella loro qualità. Spesso ci si ritrova a vedere amici e parenti solo in occasioni speciali o nei fine settimana, rendendo difficile costruire relazioni più profonde e significative. Le attività che richiedono impegno regolare, come partecipare a club, corsi o gruppi di interesse, vengono spesso accantonate per mancanza di tempo.

L'impatto delle infrastrutture e della mobilità

Le infrastrutture e i trasporti giocano un ruolo cruciale nel plasmare la vita sociale di una comunità. In molte città italiane, soprattutto al sud, i mezzi pubblici sono poco efficienti e spesso inaffidabili. Questo limita la possibilità di spostarsi facilmente per partecipare a eventi o incontrare persone al di fuori del proprio quartiere.

Ad esempio, un rapporto di Legambiente del 2022 ha rilevato che in città come Napoli e Palermo, la frequenza e la puntualità dei mezzi pubblici sono tra le peggiori d'Europa. Questa situazione spinge molte persone a rinunciare a partecipare ad attività sociali che richiederebbero spostamenti significativi, contribuendo a un senso di isolamento.

La differenza all'estero: un approccio più dinamico
Quando mi sono trasferito in Germania, una delle cose che ho apprezzato di più è stata la facilità con cui è possibile costruire e mantenere una vita sociale dinamica. Qui, l'accessibilità economica, il tempo libero ben distribuito e un sistema di infrastrutture efficiente rendono molto più semplice partecipare ad attività sociali e culturali.
Ad esempio:

- Molte città offrono **abbonamenti culturali a basso costo**, che consentono di accedere a teatri, cinema e musei con una spesa mensile di circa **30-50 euro**.
- Le infrastrutture pubbliche sono moderne ed efficienti, permettendo di raggiungere facilmente qualsiasi parte della città o delle regioni circostanti.
- Il concetto di "community building" è fortemente radicato. Esistono club, corsi e gruppi per ogni tipo di interesse, dai club di lettura ai corsi di cucina, che favoriscono la creazione di nuove relazioni e la condivisione di esperienze.

Ricordo che poco dopo il mio arrivo a Berlino, mi sono unito a un gruppo di escursionisti. È stata un'esperienza incredibile: non solo ho scoperto posti meravigliosi, ma ho anche avuto l'opportunità di incontrare persone di diverse nazionalità, condividendo interessi comuni in un ambiente inclusivo e accogliente.

L'amore per l'Italia e la speranza di un cambiamento
Nonostante queste differenze, amo l'Italia e il suo modo unico di vivere le relazioni. C'è qualcosa di speciale nella

spontaneità degli incontri, nelle cene in famiglia che si trasformano in lunghe discussioni attorno a un tavolo, e nella capacità di rendere ogni occasione un momento di festa. Ma credo che il nostro Paese possa fare di più per promuovere una vita sociale più dinamica e accessibile a tutti.

Per migliorare questa situazione, l'Italia potrebbe:

1. **Incentivare l'accesso alle attività culturali e ricreative:** Offrendo agevolazioni per giovani, famiglie e anziani, per rendere più accessibili cinema, teatri, musei e altri eventi.

2. **Migliorare le infrastrutture di trasporto:** Garantendo un sistema di trasporto pubblico più efficiente e capillare, che consenta a tutti di partecipare facilmente alla vita sociale.

3. **Promuovere programmi comunitari:** Creando spazi e iniziative che incoraggino l'interazione sociale, come eventi locali, corsi e gruppi di interesse.

Scrivo queste parole con la speranza che l'Italia possa diventare un Paese in cui ogni persona abbia la possibilità di vivere una vita sociale dinamica e ricca di esperienze. Sogno un'Italia in cui nessuno si senta isolato o escluso, e in cui la bellezza delle nostre relazioni trovi spazio per crescere e prosperare.

Per ora, vivo lontano, ma porto sempre con me il calore e la passione che caratterizzano le nostre relazioni. Credo fermamente che, con il giusto impegno, il nostro Paese possa offrire a tutti i suoi cittadini la possibilità di vivere una vita piena, ricca di connessioni autentiche e momenti condivisi. Perché l'Italia ha il potenziale non solo per essere un luogo meraviglioso, ma anche per essere una comunità vibrante e inclusiva, in cui ognuno possa trovare il proprio posto.

Istruzione

Università meno competitive a livello internazionale
L'Italia è un Paese che vanta una tradizione accademica millenaria, con università storiche come Bologna, considerata la più antica del mondo, o istituzioni di prestigio come la Sapienza di Roma e il Politecnico di Milano. Tuttavia, quando si analizza la competitività delle università italiane a livello internazionale, è impossibile non notare un divario significativo rispetto ai principali atenei di altri Paesi. Questo aspetto, più di altri, mi ha fatto riflettere sulla necessità di cercare opportunità di formazione e lavoro altrove, pur continuando ad amare profondamente la mia terra natale.

I limiti delle università italiane nel contesto globale
Le università italiane, pur eccellendo in alcune discipline specifiche, faticano a competere con i grandi atenei internazionali nei ranking globali. Secondo il **QS World University Rankings 2024**, solo 4 università italiane figurano tra le prime 200 al mondo, con il Politecnico di Milano al 123° posto come migliore classificata. A confronto, Paesi come il Regno Unito, gli Stati Uniti e la Germania dominano le classifiche, con numerosi atenei tra i primi 50.
Uno dei principali problemi delle università italiane è la mancanza di risorse. Secondo l'OCSE, l'Italia investe solo il **0,3% del PIL** nell'istruzione superiore, contro una media europea dello **0,6%** e lo **0,9%** degli Stati Uniti. Questo significa che gli atenei italiani hanno meno fondi per la ricerca, per attrarre docenti di livello internazionale e per offrire infrastrutture moderne agli studenti.
Questa scarsità di risorse si traduce in aule sovraffollate, laboratori sottodimensionati e una ridotta disponibilità di programmi di scambio e collaborazione con università straniere. Per gli studenti, questo significa dover affrontare un'esperienza formativa che, sebbene solida sul piano

teorico, spesso non offre gli strumenti pratici e interdisciplinari necessari per competere nel mercato globale.

La fuga dei cervelli: un fenomeno allarmante
Un altro dato preoccupante è la crescente "fuga di cervelli" dall'Italia. Tra il 2010 e il 2020, oltre **330.000 laureati italiani** hanno lasciato il Paese per cercare opportunità di studio o lavoro all'estero (fonte: ISTAT). Questo fenomeno non solo priva l'Italia di talenti preziosi, ma è anche un sintomo della percezione diffusa che le università italiane, e il sistema formativo in generale, non siano in grado di soddisfare le aspettative delle nuove generazioni.
Molti giovani scelgono di proseguire i loro studi in atenei stranieri per ottenere una formazione più orientata al mercato globale e per accedere a reti professionali internazionali. In Paesi come il Regno Unito, la Germania o i Paesi Bassi, le università non solo offrono una formazione accademica di alta qualità, ma preparano anche gli studenti con competenze pratiche e interdisciplinari che sono altamente richieste nel mondo del lavoro.

La differenza all'estero: un sistema più competitivo e innovativo
Quando ho deciso di trasferirmi all'estero per proseguire la mia formazione, ho subito notato una differenza sostanziale nel sistema educativo. In Germania, dove ho frequentato un master, le aule erano moderne e ben attrezzate, con accesso costante a laboratori e risorse digitali. I corsi erano strutturati per fornire non solo una solida base teorica, ma anche competenze pratiche e opportunità di lavoro sul campo attraverso stage e collaborazioni con aziende.
Una delle cose che mi ha colpito di più è stato il rapporto diretto con i professori. Qui, gli studenti sono incoraggiati a partecipare attivamente, a proporre idee e a collaborare su progetti di ricerca. Questo approccio non solo rende

l'apprendimento più dinamico, ma aiuta anche a costruire reti professionali e personali che sono fondamentali per il futuro.

L'amore per l'Italia e la speranza di cambiamento
Nonostante queste differenze, continuo a sentire un profondo legame con l'Italia e con il suo sistema educativo. Credo che le università italiane abbiano un potenziale enorme, grazie alla loro tradizione, alla qualità di molti docenti e al talento degli studenti. Ma è necessario un cambiamento profondo per permettere al nostro Paese di competere davvero a livello internazionale.
Per migliorare la competitività delle università italiane, credo che sia fondamentale:

1. **Aumentare gli investimenti nella ricerca e nell'istruzione superiore:** Garantire risorse adeguate per modernizzare le infrastrutture, attrarre talenti internazionali e sostenere la ricerca scientifica.
2. **Rendere l'istruzione più pratica e interdisciplinare:** Integrare corsi teorici con laboratori, stage e collaborazioni con aziende, per preparare gli studenti al mercato globale.
3. **Promuovere la collaborazione internazionale:** Ampliare i programmi di scambio, come l'Erasmus, e creare partnership strategiche con atenei di prestigio in tutto il mondo.
4. **Favorire l'innovazione didattica:** Adottare metodi di insegnamento più interattivi e digitalizzati, per rendere l'apprendimento più coinvolgente e accessibile.

Mancanza di ricerca e innovazione

L'Italia è un Paese straordinario, con una storia di scoperte e invenzioni che hanno cambiato il corso della civiltà. Da Galileo Galilei a Leonardo da Vinci, il nostro contributo al progresso umano è inestimabile. Ma oggi, questa tradizione sembra essersi affievolita. La mancanza di investimenti e di attenzione verso la ricerca e l'innovazione è uno dei problemi più gravi che affligge il nostro Paese. È stato anche uno dei motivi che mi ha spinto a trasferirmi all'estero, in un ambiente che valorizza maggiormente la scienza e l'innovazione come pilastri per lo sviluppo.

I dati sulla ricerca in Italia

L'Italia investe troppo poco nella ricerca e nello sviluppo (R&S) rispetto ai principali Paesi industrializzati. Secondo i dati dell'Eurostat del 2022, la spesa per R&S in Italia è pari all'**1,4% del PIL**, ben al di sotto della media dell'Unione Europea (2,3%) e lontanissima da Paesi come Germania (3,1%) e Svezia (3,4%). Questo gap non è solo una questione di numeri, ma di opportunità perse.

Le conseguenze sono evidenti:

- **Carenza di posti per ricercatori:** Il numero di ricercatori per 1.000 abitanti in Italia è di **4,2**, contro i **5,7** della media UE e i **9,5** della Danimarca (fonte: OCSE, 2023). Questo significa che molti laureati in discipline scientifiche non trovano opportunità di lavoro adeguate nel nostro Paese.

- **Pochi brevetti registrati:** Nel 2022, l'Italia ha registrato solo **4.300 brevetti** presso l'Ufficio Europeo dei Brevetti, contro i **24.600 della Germania** e i **14.000 della Francia**. Questo è un indicatore chiaro della difficoltà del sistema di tradurre la ricerca in innovazione applicata.

Le cause della stagnazione

La mancanza di ricerca e innovazione in Italia non è un problema recente, ma il risultato di decenni di sottofinanziamento e scarsa visione strategica. Tra i principali fattori ci sono:

- **Fondi insufficienti:** I finanziamenti pubblici per la ricerca sono limitati e distribuiti in modo inefficiente. Questo penalizza soprattutto i giovani ricercatori e le startup innovative, che spesso non riescono a ottenere il supporto necessario per sviluppare le loro idee.
- **Scarsa collaborazione tra università e imprese:** In Italia, solo il **19% delle aziende** collabora con le università per progetti di ricerca, contro una media europea del **25%** (fonte: Eurostat, 2022). Questa mancanza di sinergia limita la capacità di tradurre la conoscenza accademica in applicazioni pratiche.
- **Burocrazia eccessiva:** Lentezza nei processi amministrativi e regolamenti complessi scoraggiano gli investitori stranieri e rendono difficile per le aziende italiane partecipare a programmi internazionali di ricerca.

L'esperienza all'estero: un approccio diverso

Quando mi sono trasferito in Germania, ho subito notato un approccio completamente diverso alla ricerca e all'innovazione. Qui, la scienza e la tecnologia sono considerate priorità nazionali. La spesa per R&S è abbondante, e il governo collabora attivamente con le aziende per promuovere l'innovazione.

Ad esempio:

- Le università tedesche sono strettamente collegate con le imprese. Durante il mio master, ho avuto l'opportunità di lavorare su un progetto di ricerca in collaborazione con una grande azienda automobilistica. Questo non solo ha arricchito la mia esperienza, ma mi ha anche aperto le porte al mondo del lavoro.

- I ricercatori sono valorizzati e ben retribuiti. In Germania, lo stipendio medio di un ricercatore è del **30% più alto** rispetto all'Italia, e le opportunità di carriera sono più numerose.
- L'innovazione è integrata in ogni settore. Dai trasporti all'energia, la Germania investe costantemente in nuove tecnologie per migliorare l'efficienza e ridurre l'impatto ambientale.

Un esempio concreto è il Fraunhofer Institute, una rete di centri di ricerca applicata che collaborano con aziende per sviluppare tecnologie all'avanguardia. Questo modello, che manca in Italia, dimostra come un sistema ben strutturato possa generare innovazione su larga scala.

L'amore per l'Italia e la speranza di cambiamento

Nonostante tutto, non ho mai smesso di amare l'Italia. Amo la sua creatività, la sua capacità di innovare anche nelle situazioni più difficili, e il talento delle sue persone. Ma credo che sia arrivato il momento di affrontare seriamente il problema della mancanza di ricerca e innovazione.

Per migliorare questa situazione, credo che l'Italia debba:

1. **Aumentare gli investimenti in R&S:** Portare la spesa per la ricerca almeno al livello della media europea. Questo significherebbe creare più posti per ricercatori, finanziare progetti ambiziosi e attrarre talenti dall'estero.
2. **Promuovere la collaborazione tra università e imprese:** Creare incentivi fiscali per le aziende che investono in ricerca e stabilire partnership strategiche con le università.
3. **Semplificare la burocrazia:** Snellire i processi amministrativi per rendere più facile l'accesso ai fondi e la partecipazione ai progetti internazionali.
4. **Valorizzare i giovani ricercatori:** Offrire stipendi competitivi e percorsi di carriera chiari per evitare che i talenti lascino il Paese.

Networking Globale

Difficoltà a sviluppare connessioni professionali globali

Quando pensiamo al concetto di "networking" oggi, ci rendiamo conto che vivere in un mondo sempre più globalizzato implica la possibilità di connettersi e collaborare con persone di tutto il mondo. Le connessioni professionali internazionali non sono solo un vantaggio, ma una necessità in molti settori, che vanno dalla tecnologia alla ricerca scientifica, dal design alla consulenza aziendale. Tuttavia, non posso fare a meno di notare che, mentre l'Italia ha molte risorse per sviluppare connessioni professionali a livello locale e regionale, fatica ancora a competere su scala globale, soprattutto se confrontata con Paesi dove il networking internazionale è parte integrante del tessuto economico e culturale. Questo è stato uno degli aspetti più difficili da accettare durante i miei anni in Italia, e che ho finalmente trovato più facilmente all'estero, in un ambiente che promuove attivamente la costruzione di connessioni a livello mondiale. Nonostante tutto, non posso dimenticare che amo l'Italia con tutto il cuore, ma questa è una delle aree in cui credo sinceramente che dobbiamo fare dei progressi significativi.

Le limitazioni del networking in Italia

Una delle difficoltà principali nell'Italia, specialmente in alcuni settori, è la **rete di contatti strettamente legata ai confini nazionali**. La mancanza di connessioni internazionali può ostacolare lo sviluppo professionale e il potenziale di crescita di molti professionisti. Secondo un rapporto di **Eurostat del 2022**, solo il **15% delle PMI italiane** ha intrapreso attività internazionali di networking e collaborazione, un dato ben al di sotto della media europea che si aggira intorno al **25%**. Ciò significa che molte piccole e medie imprese italiane operano in un mercato limitato, privo di accesso alle opportunità globali che potrebbero favorirne la crescita.

Anche per i singoli professionisti e i giovani laureati, creare connessioni internazionali non è facile. Le **reti professionali** come LinkedIn, che permettono a chiunque di espandere il proprio orizzonte, vengono utilizzate in modo meno strategico in Italia rispetto ad altri Paesi. Una ricerca di **LinkedIn** del 2022 ha rivelato che in Italia solo il **25% dei professionisti** utilizza attivamente la piattaforma per connettersi con colleghi di altri Paesi, un dato inferiore rispetto alla media europea del **40%**. La ragione principale di questa limitata apertura internazionale risiede nella percezione che molti settori siano ancora dominati da reti chiuse, costruite su rapporti personali piuttosto che su capacità di connettersi a livello globale.

La mentalità aziendale: difficoltà di apertura
Molti imprenditori italiani, soprattutto quelli che operano in piccole imprese o attività familiari, si trovano a dover lottare con una **mentalità ristretta** che limita le opportunità di espandere il proprio business all'estero. L'Italia ha un **mercato interno molto solido**, ma molte aziende non vedono il bisogno di aprirsi al mercato globale, spesso per paura della concorrenza internazionale o per mancanza di conoscenze sulle dinamiche globali.
Secondo un'indagine condotta da **Confindustria** nel 2022, solo il **19% delle PMI italiane** ha avuto esperienze di internazionalizzazione, un dato che fa capire quanto il concetto di networking globale sia poco sviluppato. Al contrario, in Paesi come la Germania o il Regno Unito, le aziende sono molto più propense a cercare opportunità di networking internazionale, partecipando a fiere globali, scambiando conoscenze e creando alleanze strategiche. Le aziende italiane, invece, tendono a concentrarsi su mercati locali o europei, perdendo la possibilità di espandersi in nuovi orizzonti.

L'esperienza all'estero: un mondo di connessioni globali
Quando ho deciso di trasferirmi all'estero, ho subito sperimentato la differenza nel modo in cui le connessioni professionali vengono percepite e coltivate. Vivendo in Germania, per esempio, ho potuto partecipare a eventi internazionali, fiere e conferenze dove i professionisti provenienti da tutto il mondo si incontrano, scambiano idee e collaborano su progetti comuni.

In Germania, la **cultura del networking** è un aspetto chiave della vita professionale. Le persone sono abituate a condividere esperienze, a fare collegamenti tra aziende e a creare reti di supporto che trascendono i confini nazionali. Il Paese ospita alcune delle fiere e conferenze più grandi d'Europa, come il CeBIT per la tecnologia e la Hannover Messe per l'industria, eventi che attirano partecipanti e aziende da ogni angolo del mondo. Questa apertura e l'integrazione nelle reti professionali internazionali rendono il sistema molto dinamico e fertile per opportunità globali.

Anche nel settore accademico, ho notato che l'Italia è più **isolata** rispetto ad altri Paesi. In Germania, le università promuovono costantemente programmi di scambio internazionale, e la collaborazione tra istituti di ricerca a livello globale è la norma. In Italia, invece, molti giovani accademici e ricercatori si trovano a doversi spostare all'estero per avere accesso a queste opportunità, proprio a causa della **mancanza di un vero e proprio ecosistema internazionale di ricerca e innovazione**.

La necessità di un cambiamento
Nonostante queste difficoltà, amo profondamente l'Italia e credo che il Paese abbia un potenziale incredibile. La nostra cultura imprenditoriale, la creatività e la passione sono uniche al mondo, e non dovrebbero essere limitate da confini nazionali. La **globalizzazione** non è più una scelta, ma una necessità, e il networking globale è una chiave fondamentale per lo sviluppo professionale e per la crescita economica.

Per migliorare la situazione, l'Italia dovrebbe:

1. **Incentivare le aziende a entrare in mercati internazionali:** Offrire incentivi fiscali per le PMI che decidono di espandere la loro attività all'estero e promuovere la partecipazione a fiere ed eventi globali.
2. **Sostenere la creazione di reti professionali internazionali:** Promuovere programmi di networking che permettano a professionisti e giovani di entrare in contatto con colleghi di altri Paesi, creando opportunità di collaborazione a livello globale.
3. **Investire nell'internazionalizzazione della ricerca:** Creare fondi e programmi che incentivino i ricercatori a collaborare con istituzioni accademiche e aziendali internazionali.

Mancanza di accesso a mercati internazionali

L'Italia è un Paese straordinario, con un patrimonio culturale e un ingegno che hanno influenzato il mondo intero. Tuttavia, uno degli aspetti che più mi ha colpito negativamente nel corso della mia carriera e che ha contribuito alla mia decisione di cercare opportunità all'estero, è stata la difficoltà di accedere a mercati internazionali. Nonostante le numerose eccellenze italiane in molti settori, dalle mode all'agroalimentare, dalle macchine industriali al design, l'Italia fatica ancora a imporsi come un attore primario sui mercati globali. Eppure, sono convinto che con le giuste politiche e strategie, l'Italia potrebbe avere una posizione di leadership in ambito internazionale, ma per ora questa possibilità sembra essere ostacolata da una serie di fattori che impediscono la piena realizzazione del suo potenziale.

Le difficoltà strutturali per l'internazionalizzazione

Nonostante la grande qualità dei prodotti italiani, molte piccole e medie imprese (PMI) italiane, che rappresentano il **99% delle aziende** nel Paese, non riescono a penetrare mercati globali con la stessa facilità di Paesi come la Germania o la

Francia. Un rapporto della **Banca Mondiale** del 2022 ha sottolineato che solo il **12% delle PMI italiane** esporta i propri prodotti fuori dall'Unione Europea, rispetto al **21% delle PMI tedesche**. Questo dato evidenzia una carenza nelle politiche di supporto per l'internazionalizzazione delle aziende italiane, che spesso non hanno né le risorse economiche né le competenze per espandersi oltre i confini nazionali.

Il problema principale è che molte piccole imprese italiane sono troppo concentrate sul mercato interno, che, pur essendo importante, non offre le stesse opportunità di crescita che i mercati globali possono garantire. La mentalità ristretta, unita a una certa chiusura al cambiamento e alla digitalizzazione, limita la capacità delle aziende italiane di competere su scala globale. Invece di pensare in grande e cercare alleanze strategiche, molte imprese restano ancorate al territorio, spesso incapaci di sfruttare appieno le potenzialità dei mercati internazionali.

Il problema della burocrazia e della lentezza amministrativa

Un altro ostacolo significativo all'accesso ai mercati internazionali è la **burocrazia italiana**. Secondo il rapporto "Doing Business 2023" della **Banca Mondiale**, l'Italia si colloca al **58° posto su 190 Paesi** per facilità di fare affari, una posizione che non aiuta le aziende a entrare in mercati esteri con agilità. La lentezza nelle pratiche amministrative, la complessità dei regolamenti doganali e la difficoltà di gestire le esportazioni sono tutte barriere che impediscono alle imprese italiane di sfruttare appieno le opportunità globali.

Ad esempio, in Italia, ottenere una licenza per esportare un prodotto o avviare un'impresa in un altro Paese europeo può richiedere mesi di burocrazia, mentre in altri Paesi come la Germania, questo processo è decisamente più rapido e snodato. La **digitalizzazione** dei processi, sebbene migliorata negli ultimi anni, è ancora incompleta e non offre un flusso di lavoro efficiente per le piccole imprese che cercano di espandersi. Le aziende, soprattutto quelle a conduzione familiare, spesso non sono attrezzate per navigare tra regolamenti complessi e difficoltà logistiche, e si trovano a dover rinunciare a opportunità internazionali.

Le sfide dell'export e la concorrenza globale

L'Italia è conosciuta per i suoi prodotti di alta qualità, dal **Made in Italy** al cibo, alla moda e al design. Tuttavia, la concorrenza globale è sempre più agguerrita. Paesi come la Cina, l'India e la Turchia hanno fatto enormi passi avanti nella produzione a basso costo, mentre gli Stati Uniti e la Germania continuano a essere leader nel settore tecnologico e industriale. Le PMI italiane faticano a competere con i costi di produzione più bassi di altri Paesi, ma anche con la capacità di investire in ricerca e sviluppo che, purtroppo, in Italia è ancora insufficiente.

Secondo **ISTAT**, l'Italia ha un deficit di **prodotti tecnologici avanzati** nelle sue esportazioni, con un'incidenza molto bassa di prodotti tecnologici ad alta intensità di ricerca, che rappresentano solo il **10%** delle esportazioni totali italiane, contro il **20-30%** di Paesi come la Germania. Le aziende italiane, soprattutto quelle del settore manufatturiero, spesso non riescono a innovare abbastanza velocemente per stare al passo con i concorrenti, mentre i Paesi più sviluppati investono massicciamente in ricerca, tecnologia e formazione per rimanere competitivi.

La differenza all'estero: un ambiente favorevole all'internazionalizzazione

Quando mi sono trasferito in Germania, una delle prime cose che ho notato è stata la **mentalità orientata all'internazionalizzazione**. Qui, le aziende non solo sono supportate dal governo con incentivi fiscali e finanziamenti per espandersi all'estero, ma sono anche incentivati a partecipare a fiere internazionali, a stabilire filiali in altri Paesi e a investire in innovazione tecnologica.

In Germania, l'accesso ai mercati globali è facilitato dalla forte rete di alleanze internazionali, e le piccole imprese hanno molteplici canali attraverso i quali possono espandersi, grazie anche a **accordi commerciali favorevoli** e **politiche di internazionalizzazione** promosse dalle istituzioni. L'esempio di **BASF**, gigante chimico tedesco, mostra come le aziende tedesche riescano a consolidarsi nei mercati internazionali attraverso alleanze, investimenti in ricerca e lo sfruttamento della forza produttiva interna.

L'amore per l'Italia e la speranza di un cambiamento
Nonostante le difficoltà, l'Italia ha un potenziale straordinario. Le sue tradizioni, il suo ingegno e la sua creatività sono uniche, e le piccole e medie imprese italiane hanno molto da offrire al mondo. Tuttavia, per affrontare le sfide globali, è necessario un cambiamento. La chiusura verso i mercati esteri, la burocrazia e la mancanza di investimenti in ricerca e sviluppo sono ostacoli che, se non affrontati, continueranno a limitare la crescita delle nostre imprese.
Per superare questi ostacoli, l'Italia dovrebbe:
1. **Sostenere l'internazionalizzazione delle PMI**: Creare incentivi fiscali e fondi per le piccole e medie imprese che vogliono espandersi all'estero, e facilitare l'accesso ai mercati globali.
2. **Semplificare la burocrazia**: Rendere i processi amministrativi più rapidi e chiari, eliminando le barriere legate alle esportazioni e agli investimenti.
3. **Investire in ricerca e innovazione**: Incentivare le imprese a investire in ricerca, sviluppo e innovazione tecnologica, per competere con i grandi Paesi industrializzati.

Instabilità Politica

Cambiamenti frequenti nei governi

L'Italia è un Paese straordinario, con una cultura ricca e una storia che ha plasmato il mondo. Tuttavia, uno degli aspetti che ho sempre trovato particolarmente frustrante è stata l'**instabilità politica** che ha caratterizzato gran parte della sua storia recente. Ogni volta che si forma un nuovo governo, spesso si è costretti a fare i conti con il cambiamento, con le promesse non mantenute, e con la sensazione che nulla sembri mai veramente stabilizzarsi. La continua alternanza di governi, le alleanze che cambiano rapidamente e la difficile capacità di trovare un consenso duraturo sono fattori che hanno reso difficile costruire un futuro solido e prevedibile per le generazioni future.

Quando vivevo in Italia, mi rendevo conto che questa instabilità politica non solo minava la fiducia dei cittadini nelle istituzioni, ma rallentava anche lo sviluppo del Paese. Non riuscivo a ignorare il fatto che, mentre in altri Paesi le politiche vengono portate avanti con una certa continuità, in Italia sembrava che ogni governo fosse un "tappo" temporaneo, destinato a cedere sotto il peso delle sfide politiche interne.

Il fenomeno dei cambiamenti frequenti nei governi

Uno degli aspetti più evidenti dell'instabilità politica italiana è la **frequenza dei cambiamenti nei governi**. Dal 1946 a oggi, l'Italia ha avuto ben **67 governi**. Questo dato è significativo se lo confrontiamo con altri Paesi europei come la Germania, che ha visto solo **8 governi** dal dopoguerra ad oggi, o il Regno Unito, che ha avuto **14 cambi di governo**. Questa continua alternanza ai vertici del governo non è solo una curiosità statistica: è un indicatore di un sistema che fatica a trovare stabilità e coesione politica.

Il governo italiano medio resta in carica **meno di due anni**, un dato che sottolinea l'incapacità di portare avanti programmi a lungo termine. Ogni cambio di governo porta con sé una rinegoziazione delle politiche, che spesso si traducono in discontinuità nelle scelte economiche e sociali. La politica italiana, quindi, diventa una serie di compromessi tra alleanze fragili e coalizioni che non sempre riflettono il volere popolare.

Le cause dell'instabilità politica in Italia
Molteplici sono le cause di questa continua instabilità, ma alcune sembrano essere radicate nella struttura stessa del nostro sistema politico.

- **Sistema elettorale complesso**: Il sistema elettorale italiano, che ha visto varie modifiche nel corso degli anni, è noto per favorire il frazionamento politico. La presenza di numerosi partiti, molti dei quali piccoli e localizzati, rende difficile la formazione di governi di lunga durata. Questo porta spesso a coalizioni instabili, che non riescono a governare efficacemente.

- **Fragmentazione partitica**: L'Italia ha un panorama partitico molto frammentato, con partiti che rappresentano ideologie diverse, spesso di difficile sintesi. Questo ha portato alla nascita di coalizioni politiche che difficilmente riescono a rimanere unite per lungo tempo. La **mancanza di un sistema bipartitico** chiaro, come in altri Paesi, favorisce la competizione tra numerosi partiti minori, che complicano ulteriormente la creazione di una maggioranza stabile.

- **Polarizzazione politica**: Un'altra causa dell'instabilità è la crescente **polarizzazione politica** che ha caratterizzato l'Italia negli ultimi anni. La divisione tra destra e sinistra è diventata sempre più accentuata, con blocchi politici che difficilmente riescono a collaborare. Questo ha portato a una situazione in cui il dibattito politico è spesso più concentrato sulla lotta tra fazioni che sulla risoluzione di problemi concreti per la società.

Gli effetti dell'instabilità politica sulla crescita del Paese
Gli effetti di un sistema politico instabile sono tangibili in molte aree.

- **Economia e crescita**: L'instabilità politica ha un impatto diretto sull'economia. L'incertezza politica riduce la fiducia degli investitori e degli imprenditori, che temono che i cambiamenti frequenti nelle politiche fiscali o economiche possano mettere a riRossi i loro investimenti. Secondo un rapporto della **Banca d'Italia del 2023**, l'Italia è uno dei Paesi con il più basso livello di investimenti diretti esteri in Europa.
- **Politiche pubbliche inefficienti**: Ogni cambiamento di governo significa anche una rinegoziazione delle politiche pubbliche. Le riforme necessarie, per esempio, nella sanità, nell'istruzione e nel welfare, spesso vengono rimandate o abbandonate a causa della mancanza di continuità nella governance. Le politiche che potrebbero migliorare le condizioni di vita dei cittadini e stimolare la crescita vengono spesso frenate dalla necessità di adattarsi a un nuovo governo, con nuove priorità.
- **Sfiducia nei confronti delle istituzioni**: La continua alternanza dei governi alimenta anche la sfiducia della popolazione nelle istituzioni. Gli italiani, specialmente i giovani, spesso percepiscono la politica come una "giostra" che non cambia mai, alimentando un senso di apatia e disillusione. Questo è un fenomeno che contribuisce al basso tasso di partecipazione politica, con elezioni che vedono spesso un'alta astensione.

L'esperienza all'estero: stabilità politica e fiducia nelle istituzioni
Quando mi sono trasferito in Germania, la differenza più evidente che ho notato è stata proprio la stabilità politica. In Germania, i governi sono più duraturi e le coalizioni politiche, pur complesse, tendono a garantire una continuità nelle

politiche. Il **sistema parlamentare tedesco** consente alle diverse forze politiche di trovare compromessi, ma senza che ci siano cambiamenti drastici nelle politiche economiche e sociali.

Il fatto che in Germania il governo possa durare 4-5 anni, senza la necessità di ricorrere a frequenti elezioni anticipate, ha un impatto positivo su tutti i settori della vita pubblica. Gli investitori hanno maggiore fiducia, le politiche sociali sono più efficaci e, soprattutto, i cittadini si sentono più coinvolti e rappresentati.

L'amore per l'Italia e la speranza di cambiamento

Nonostante tutto, amo profondamente l'Italia e credo che il nostro Paese abbia una grande capacità di rinascita. Tuttavia, l'instabilità politica è una delle sfide più difficili da superare. Senza un sistema stabile e un governo che sappia portare avanti progetti a lungo termine, è difficile costruire una società più equa e prospera.

Per migliorare la situazione, credo che l'Italia debba:

1. **Riformare il sistema elettorale**: Adottare un sistema elettorale che favorisca la formazione di coalizioni stabili, evitando la frammentazione e i continui cambiamenti.
2. **Promuovere la collaborazione tra forze politiche**: Creare un clima di maggiore dialogo e collaborazione tra i partiti, per superare la polarizzazione e arrivare a soluzioni condivise.
3. **Investire nella formazione politica**: Incentivare una cultura politica più consapevole e orientata al bene comune, riducendo l'influenza degli interessi personali e delle logiche di partito.

Mancanza di riforme a lungo termine

L'Italia è un Paese incredibile, ricco di storia, cultura e tradizione, con un potenziale straordinario. Tuttavia, quando guardiamo al futuro, ci accorgiamo che una delle sue sfide più gravi è la **mancanza di riforme a lungo termine**. Ogni volta che un governo tenta di introdurre cambiamenti significativi, spesso incontra enormi difficoltà nel portare avanti politiche di ampio respiro e durature. La continua instabilità politica, la frammentazione del panorama partitico e la resistenza al cambiamento hanno impedito al Paese di fare passi decisivi verso un futuro più prospero e moderno.

Mi sono trovato a riflettere su questa difficoltà durante la mia permanenza in Italia, e questo è stato uno dei motivi che mi ha spinto a cercare un ambiente diverso all'estero, dove ho visto come politiche di lungo periodo possano effettivamente fare la differenza. L'Italia, purtroppo, sembra essere intrappolata in un ciclo di politiche a breve termine, incentrate su misure immediatamente visibili, ma incapaci di risolvere i problemi strutturali che ci affliggono da decenni.

Le difficoltà nell'attuare riforme strutturali

Una delle ragioni principali per la **mancanza di riforme a lungo termine** è la difficoltà di portare avanti cambiamenti strutturali in un contesto politico instabile. Come ho già accennato in precedenza, l'Italia è un Paese che ha visto ben **67 cambi di governo** dal 1946 a oggi, una frequenza che non favorisce la continuità nelle politiche pubbliche. Ogni nuovo governo, ogni nuovo primo ministro porta con sé nuovi programmi e nuove priorità, spesso in contrasto con quelli precedenti. Questo continuo cambiamento rende difficile attuare riforme che richiedono anni, se non decenni, per essere completate e che necessitano di un consenso ampio tra le forze politiche.

Secondo un rapporto della **Banca d'Italia** del 2023, **la lunghezza media di vita di un governo italiano è di soli 18 mesi**, mentre in altri Paesi europei come la **Germania**, la

media di durata di un governo è di circa **4 anni**. In Italia, quindi, il "cambio di marcia" tra i vari governi e le loro politiche è così frequente che la possibilità di avere una visione a lungo termine diventa quasi impossibile. Inoltre, la frammentazione del sistema politico italiano e la presenza di numerosi partiti spesso con orientamenti opposti, rende difficile trovare un terreno comune su questioni cruciali come il sistema pensionistico, le politiche fiscali o la riforma del mercato del lavoro.

I settori più colpiti dalla mancanza di riforme
Diversi settori sono particolarmente vulnerabili alla **mancanza di riforme a lungo termine**, e questo ha un impatto diretto sulla vita dei cittadini. Ecco alcuni degli esempi più evidenti:

1. **Il sistema pensionistico:** Il sistema pensionistico italiano è uno degli argomenti più discussi ma meno riformati in modo incisivo. Nonostante i numerosi interventi, il sistema continua a essere molto complesso e inadeguato a far fronte ai cambiamenti demografici. Secondo un rapporto della **Corte dei Conti del 2023**, l'Italia ha una delle **più alte percentuali di spesa pubblica per le pensioni** in Europa (circa il **16% del PIL**), eppure la sostenibilità del sistema rimane in pericolo. Le riforme pensate finora non sono riuscite a dare una risposta strutturale a lungo termine, e ogni nuovo governo si trova a dover affrontare il tema con soluzioni parziali, che non risolvono il problema.

2. **Il sistema sanitario:** Nonostante l'Italia sia orgogliosa del suo sistema sanitario universale, anche qui le riforme a lungo termine sono mancate. Il rapporto del **Ministero della Salute** del 2022 segnala **enormi disuguaglianze regionali** nell'accesso alle cure. Alcune regioni del sud del Paese, infatti, hanno difficoltà a garantire i livelli essenziali di assistenza previsti dalla legge, mentre le

strutture ospedaliere e i servizi sanitari sono spesso sottodimensionati. Le riforme sanitarie sono state sempre frammentarie, mentre l'Italia continua a perdere terreno rispetto ad altri Paesi, che hanno investito in una modernizzazione più radicale del settore.

3. **Il mercato del lavoro e la disoccupazione giovanile:** Nonostante gli sforzi per introdurre politiche di inserimento lavorativo, la disoccupazione giovanile in Italia è una delle più alte in Europa. Secondo **Eurostat**, la disoccupazione giovanile in Italia nel 2022 ha superato il **30%**, con punte ancora più alte nelle regioni del sud. Le politiche a breve termine, come incentivi fiscali temporanei per le aziende che assumono giovani, non sono riuscite a risolvere il problema strutturale. La riforma del mercato del lavoro in Italia è necessaria da anni, ma ogni tentativo di modificare la legge 300/1970 (Statuto dei Lavoratori) o di favorire contratti più flessibili si è scontrato con le resistenze politiche.

Il confronto con altri Paesi: la capacità di fare riforme durature

Quando mi sono trasferito all'estero, ho potuto osservare come altri Paesi, come la **Germania** e il **Regno Unito**, siano riusciti a implementare politiche a lungo termine che hanno portato a trasformazioni sostanziali nel loro sistema economico, educativo e sociale.

In Germania, ad esempio, la **riforma del sistema pensionistico** è stata attuata negli anni '90 con una visione chiara e a lungo termine, mentre in Italia le soluzioni sono state sempre temporanee e non sufficientemente inclusive. Allo stesso modo, la **riforma del mercato del lavoro** in Germania è riuscita a ridurre la disoccupazione giovanile grazie a un forte impegno da parte del governo nel creare politiche integrate tra istruzione e inserimento lavorativo, una visione che ha portato a un mercato del lavoro più dinamico. Anche il sistema sanitario tedesco è stato riformato a partire dagli anni 2000, con un investimento consistente nella digitalizzazione delle cartelle sanitarie e nel miglioramento della qualità delle cure, mentre in Italia la digitalizzazione del sistema sanitario procede a passo di lumaca.

L'amore per l'Italia e la speranza di un cambiamento
Nonostante questi ostacoli, amo profondamente l'Italia. Amo la sua capacità di reagire, di trovare soluzioni creative nei momenti di difficoltà, e la forza della sua gente. Ma credo che l'Italia debba fare un passo in avanti per costruire un futuro stabile e prospero, un futuro che non dipenda dai cambiamenti politici a breve termine, ma da una visione chiara e a lungo termine.
Per questo, credo che l'Italia dovrebbe:

1. **Promuovere riforme strutturali e sostenibili:** Creare una pianificazione a lungo termine per i settori chiave come il welfare, la sanità, il lavoro e le pensioni.
2. **Investire nell'innovazione e nella ricerca:** Garantire che le riforme siano accompagnate da investimenti in settori strategici come la tecnologia, la scienza e l'istruzione.
3. **Creare politiche inclusive:** Riformare il sistema politico per facilitare la cooperazione tra le forze politiche e garantire che le riforme siano condivise e attuate in modo coerente.

Corruzione

Percezione di un sistema politico poco trasparente
L'Italia è un Paese di straordinaria bellezza, con una storia millenaria, una cultura unica e una gastronomia invidiabile. Tuttavia, uno degli aspetti che più mi ha fatto riflettere e che ha inciso profondamente sulla mia esperienza nel Paese è stato il fenomeno della **corruzione** e la **percezione di un sistema politico poco trasparente**. Questa sensazione di "opacità" ha minato la fiducia che molti cittadini, compreso io stesso, nutrono nelle istituzioni politiche e ha contribuito alla mia decisione di cercare un futuro all'estero.

Nonostante l'amore che provo per l'Italia e la sua gente, non posso ignorare che la corruzione sia un problema persistente, radicato in vari livelli della pubblica amministrazione e che, in molti casi, sembra essere una parte "normale" della vita politica e sociale. Questo non solo mina il funzionamento della democrazia, ma impedisce anche lo sviluppo economico e la crescita sostenibile.

I dati sulla corruzione in Italia
Secondo il rapporto **Transparency International** del 2023, l'Italia si posiziona al **41° posto su 180 Paesi** nell'indice di percezione della corruzione (CPI), con un punteggio di **56/100**. Questo punteggio evidenzia come la percezione della corruzione nel nostro Paese sia ancora molto alta, con il 60% degli italiani che ritiene che la corruzione sia aumentata negli ultimi anni. Il punteggio medio della **Unione Europea** è superiore (66/100), segnalando un gap significativo tra l'Italia e gli altri Paesi membri.

Questi numeri sono un chiaro indicatore di un sistema che non riesce a combattere efficacemente il fenomeno della corruzione, nonostante i numerosi tentativi di riforma e le leggi introdotte nel corso degli anni. La corruzione in Italia non riguarda solo gli "spaghetti mafiosi" o le grandi tangenti, ma è un fenomeno che si radica anche nella vita quotidiana: dalle piccole favorire politiche locali alla gestione delle risorse pubbliche, spesso l'opacità delle procedure e l'abitudine alla trattativa informale finiscono per prevalere sulla trasparenza.

Le cause della corruzione

Le cause della corruzione in Italia sono molteplici e complesse, ma alcune di esse sono particolarmente evidenti.

1. **Mancanza di trasparenza**: Molti processi decisionali, specialmente in ambito politico ed economico, avvengono senza un'adeguata visibilità per i cittadini. Gli appalti pubblici, ad esempio, sono spesso assegnati senza un'adeguata concorrenza o verifica delle procedure. Secondo un'indagine di **Il Sole 24 Ore** nel 2022, oltre il **40% dei contratti pubblici** sono stati assegnati senza gare trasparenti o con procedure non sufficientemente controllate.

2. **Politiche inefficienti**: La difficoltà nel fare riforme e nel modernizzare il sistema politico e amministrativo ha consentito al fenomeno della corruzione di prosperare. Ogni nuovo governo sembra essere occupato più a difendere i propri interessi politici che a promuovere una vera trasparenza nella gestione delle risorse pubbliche. Ciò crea un circolo vizioso in cui la corruzione non solo è tollerata, ma in alcuni casi è addirittura integrata nel funzionamento del sistema.

3. **Sistema politico frammentato**: L'Italia ha una struttura politica caratterizzata da numerosi partiti, molti dei quali sono legati a interessi regionali o locali. Questo sistema porta spesso a coalizioni fragili, dove le alleanze politiche sono negoziate attraverso compromessi che coinvolgono anche accordi di natura più "privata". In alcune regioni italiane, come la **Calabria**, la **Sicilia** e la **Campania**, la presenza della criminalità organizzata e il clientelismo sono stati un

ostacolo significativo nel garantire una governance trasparente e equa.

Gli effetti della corruzione sulla vita quotidiana

Gli effetti della corruzione in Italia sono evidenti non solo a livello politico, ma anche nella vita quotidiana di ogni cittadino. La **percezione che tutto sia possibile attraverso "le giuste conoscenze"** è radicata nella cultura italiana, dove la meritocrazia spesso lascia il posto ai favori e alle connessioni personali. Questo crea un ambiente in cui le persone non sono motivate a rispettare le regole, ma cercano costantemente di aggirarle, creando un circolo vizioso che alimenta l'inefficienza e la sfiducia.

- **In economia**, la corruzione crea un **frammento di incertezza** che scoraggia gli investimenti stranieri e limita la crescita delle imprese locali. Le aziende internazionali, per esempio, tendono a evitare l'Italia, dove i processi burocratici e le tangenti sono ancora troppo diffusi, preferendo Paesi con mercati più trasparenti e regolamentati.
- **Nella pubblica amministrazione**, la corruzione mina l'efficacia dei servizi e impedisce una gestione oculata delle risorse pubbliche. In un report del **Ministero dell'Economia e delle Finanze** del 2023, è emerso che la corruzione e la gestione inefficiente delle risorse pubbliche hanno ridotto la **competitività della Pubblica Amministrazione**, aumentando i costi per i cittadini e rallentando i progetti infrastrutturali vitali per il Paese.

Il confronto con l'estero: la trasparenza come motore di sviluppo

Quando mi sono trasferito in Germania, la differenza nella **trasparenza politica** e nella **lotta alla corruzione** è stata immediatamente evidente. La Germania è da sempre uno dei Paesi con i più alti livelli di fiducia nelle istituzioni pubbliche, e questo non è un caso. Secondo **Transparency International**, la Germania si trova nella top ten dei Paesi meno corrotti, con un punteggio di **80/100**, ben al di sopra dell'Italia. La lotta alla corruzione è una priorità nazionale, e i cittadini hanno fiducia nel sistema.

In Germania, ogni contratto pubblico, ogni appalto è monitorato e reso pubblico. La **Banca Federale Tedesca** è un esempio di come la trasparenza nelle istituzioni finanziarie e nelle decisioni politiche contribuisca al buon funzionamento del Paese. Questo modello di gestione della cosa pubblica, fondato sulla legalità e sulla trasparenza, ha permesso alla Germania di ottenere stabilità economica e una reputazione internazionale che l'Italia, purtroppo, non è riuscita a raggiungere.

L'amore per l'Italia e la speranza di cambiamento

Nonostante la corruzione e la percezione di un sistema politico opaco, l'Italia resta il Paese che amo. Amo la sua storia, la sua cultura e la sua gente, che ogni giorno combatte contro queste difficoltà con resilienza e passione. Ma credo che il nostro Paese possa fare molto di più per migliorare la trasparenza, eliminare la corruzione e garantire che le risorse vengano utilizzate per il bene comune, non per gli interessi di pochi.

Per farlo, credo che l'Italia dovrebbe:

1. **Rafforzare la giustizia e l'indipendenza del sistema giudiziario**: Assicurare che i processi per corruzione siano rapidi, giusti e senza interferenze politiche.
2. **Investire nella trasparenza**: Creare meccanismi che rendano ogni decisione politica e ogni appalto pubblico completamente trasparente, accessibile a tutti.
3. **Educare alla legalità**: Investire nell'educazione civica e nella cultura della legalità fin dalla scuola primaria, per garantire che le nuove generazioni crescano con il rispetto delle regole come valore fondamentale.

Influenza negativa sulle opportunità di crescita

L'Italia è un Paese che ha sempre avuto enormi potenzialità. La sua cultura, il suo patrimonio artistico, il suo spirito imprenditoriale sono ammirati in tutto il mondo. Ma nonostante queste risorse straordinarie, ho spesso avuto la sensazione che l'Italia non sfrutti appieno le opportunità di crescita che avrebbe potuto avere. Durante il tempo che ho trascorso nel Paese, mi sono reso conto che diversi fattori – economici, politici e sociali – influenzano negativamente il potenziale di crescita e sviluppo, non solo delle imprese, ma anche dei singoli cittadini.

La mia decisione di trasferirmi all'estero è stata anche una riflessione su come la mancanza di politiche a lungo termine, l'instabilità politica e il contesto sociale abbiano limitato la mia crescita professionale e personale. All'estero, ho trovato un ambiente che promuove il progresso, l'innovazione e le opportunità di sviluppo, mentre in Italia mi sembrava che ogni passo avanti fosse spesso ostacolato da dinamiche che rallentano il cambiamento.

Il contesto economico e la scarsa competitività

Uno dei principali ostacoli alla crescita in Italia è rappresentato dalla **scarsa competitività economica**. Nonostante l'Italia sia il terzo Paese più grande dell'Unione Europea per PIL, la sua crescita economica è stata costantemente inferiore alla media europea negli ultimi decenni. Secondo il **Rapporto annuale di Confindustria** del 2023, l'Italia ha registrato una crescita del PIL di appena **0,4%** nel 2022, ben al di sotto della media europea di **2,3%**.

Questa bassa crescita è il risultato di diversi fattori:

- **L'alto debito pubblico** che limita la capacità dello Stato di fare investimenti infrastrutturali e di sostenere politiche di crescita.
- **La scarsa innovazione tecnologica** in molte imprese italiane. Secondo l'**Eurostat 2022**, solo il **15% delle PMI italiane** ha investito in innovazione tecnologica,

contro il **22% della Germania** e il **25% del Regno Unito**.

- **La rigidità del mercato del lavoro**, che non consente una rapida adattabilità delle aziende alle nuove sfide globali. La **disoccupazione giovanile** in Italia è una delle più alte in Europa, con il **30% dei giovani** sotto i 30 anni senza un impiego stabile.

Questi fattori non solo rallentano l'economia, ma creano un ambiente che non incentiva i giovani a rimanere in Italia e costruire il loro futuro nel Paese. Molti laureati italiani, infatti, sono costretti a cercare opportunità di lavoro all'estero, dove la crescita economica è più dinamica e dove le opportunità di sviluppo professionale sono maggiori.

La difficoltà di accesso al credito e agli investimenti
Un altro grande limite che ha influito sulle opportunità di crescita è la **difficoltà di accesso al credito** e agli **investimenti**. Secondo i dati della **Banca d'Italia**, l'Italia ha una delle più basse percentuali di **finanziamenti alle PMI** in Europa. Le piccole e medie imprese, che costituiscono la spina dorsale dell'economia italiana, spesso trovano difficile accedere a capitali freschi per finanziare progetti di espansione, ricerca o innovazione. Questo perché le banche italiane tendono ad essere più conservative nell'erogare prestiti, a causa del contesto economico incerto e del riRossi di insolvenza.

Questa difficoltà nell'accesso ai finanziamenti non solo frena la crescita delle imprese, ma impedisce anche lo sviluppo di settori ad alta intensità tecnologica e innovativa. Nel mio periodo in Italia, ho visto molti giovani imprenditori e startup che non riuscivano a decollare a causa della scarsità di fondi e delle difficoltà burocratiche. In confronto, nei Paesi nordici e in Germania, i **fondi di venture capital** sono molto più accessibili e incentivano l'innovazione e l'imprenditorialità.

L'inefficienza della pubblica amministrazione
La **burocrazia** e la **mancanza di efficienza** del settore pubblico sono altre cause significative che influenzano negativamente le opportunità di crescita in Italia. Secondo un rapporto di **Transparency International**, l'Italia è tra i Paesi con i **più alti livelli di corruzione** in Europa, e questo crea un ambiente in cui le risorse vengono allocate male, i progetti vengono ritardati e i cittadini perdono fiducia nelle istituzioni.
Un esempio concreto è la difficoltà che le imprese italiane incontrano nel **navigare il sistema burocratico** per ottenere licenze, permessi e approvazioni. Il **Doing Business Report 2022** della Banca Mondiale colloca l'Italia al **58° posto** su 190 Paesi per facilità di fare affari, molto indietro rispetto a Paesi come la **Germania** o i **Paesi Bassi**, che sono più efficienti nella gestione delle pratiche amministrative.
Questa inefficienza nella pubblica amministrazione non solo rallenta la crescita delle imprese, ma impedisce anche il corretto utilizzo delle risorse pubbliche, che potrebbero essere destinate a progetti di sviluppo, ricerca o infrastrutture. La **lentezza nelle decisioni politiche** e la **scarsa coesione tra le istituzioni** contribuiscono a questo scenario, creando un contesto in cui è difficile pianificare e costruire a lungo termine.

Il confronto con altri Paesi: un contesto favorevole alla crescita
Quando mi sono trasferito in Germania, una delle differenze più evidenti che ho notato è stata la **cultura della crescita** e dell'**innovazione**. Qui, il governo e le istituzioni hanno adottato politiche chiare e sostenibili per supportare lo sviluppo. Le **PMI tedesche** sono tra le più dinamiche in Europa, sostenute da politiche fiscali favorevoli e un forte impegno verso l'innovazione e la ricerca. La Germania ha investito in **infrastrutture moderne** e in un **sistema educativo di alta qualità**, che ha prodotto una forza lavoro altamente qualificata e competitiva.

Inoltre, la Germania ha una **buona rete di investimenti pubblici e privati** che supportano le aziende in espansione, mentre in Italia il panorama delle **start-up** è ancora frammentato e spesso privo di un adeguato sostegno da parte delle istituzioni.

L'amore per l'Italia e la speranza di cambiamento
Nonostante le difficoltà, amo profondamente l'Italia e credo nel suo enorme potenziale. Ma credo anche che il Paese debba affrontare i problemi strutturali che lo limitano, e dare la possibilità ai suoi cittadini di crescere, prosperare e svilupparsi. L'Italia ha bisogno di **riforme reali**, di politiche di **lungo termine**, di un **sistema educativo più orientato al futuro**, e di una **maggiore trasparenza** nelle istituzioni.
Per migliorare la situazione, l'Italia dovrebbe:

1. **Investire in ricerca e sviluppo**: Aumentare i fondi per la ricerca, per la creazione di start-up innovative e per il miglioramento delle infrastrutture tecnologiche.
2. **Semplificare la burocrazia**: Rendere più facile per le imprese l'accesso ai finanziamenti e alle licenze, e ridurre i costi burocratici.
3. **Sostenere le PMI**: Creare politiche che favoriscano la crescita delle piccole e medie imprese, che sono la spina dorsale dell'economia italiana.

Confronto con Altri Paesi

L'Italia è un Paese che amo profondamente, e sebbene mi sia trasferito all'estero, continuo a portarla nel cuore. Ogni angolo della sua terra, ogni città, ogni tradizione mi ricordano chi sono e da dove vengo. Tuttavia, vivere lontano dall'Italia mi ha dato una nuova prospettiva, permettendomi di osservare con maggiore oggettività alcune delle sfide che il nostro Paese affronta, ma anche le opportunità che altri Paesi hanno sfruttato meglio per promuovere il benessere dei loro cittadini. Non voglio dipingere l'Italia in maniera negativa; voglio semplicemente raccontare un'esperienza che mi ha arricchito e che ha messo in luce ciò che potrebbe essere diverso, ciò che potrebbe migliorare. Eppure, non posso fare a meno di riconoscere che vivere all'estero ha portato a galla la **differenza nelle opportunità**, nelle **politiche di sviluppo** e nella **qualità della vita** che ho trovato in altri Paesi, rispetto a quella che l'Italia offre attualmente.

Sicurezza e qualità della vita: Il confronto con la Germania e i Paesi nordici
Uno dei motivi principali per cui ho scelto di trasferirmi all'estero è stato il desiderio di vivere in un Paese dove la **sicurezza** fosse garantita e dove la **qualità della vita** fosse elevata in ogni aspetto, dalla sanità alla mobilità, dalla qualità dell'aria alla gestione delle risorse pubbliche.
In **Germania**, dove ho vissuto per alcuni anni, ho trovato un sistema che, pur con le sue imperfezioni, offre un livello di **sicurezza sociale e benessere** che in Italia non sempre è così facilmente raggiungibile. Secondo il **Global Peace Index 2023**, la Germania si trova al **17° posto** su 163 Paesi per **sicurezza** e **stabilità sociale**, mentre l'Italia si trova al **30° posto**. Nonostante l'Italia abbia città magnifiche e vivaci, alcuni quartieri delle sue metropoli più grandi sono tristemente noti per la microcriminalità e la percezione di insicurezza.

All'estero, ho potuto apprezzare anche la **cura delle infrastrutture** e la **pianificazione urbana** che molti Paesi, come la **Svezia** e i **Paesi Bassi**, hanno messo in atto. A Berlino, ad esempio, la rete di **trasporti pubblici** è efficiente e capillare, con treni, tram e metropolitane che sono sempre puntuali e ben mantenuti. In Italia, invece, sebbene le principali città abbiano un sistema di trasporti pubblici, spesso le linee non sono collegate in maniera ottimale e i mezzi pubblici sono sottodimensionati o poco efficienti in molte aree, specialmente nel sud del Paese.

Istruzione e opportunità per i giovani: Il caso del Regno Unito

Un altro elemento che mi ha spinto a lasciare l'Italia è stato il desiderio di un **sistema educativo** che promuovesse un **accesso equo e di qualità** per i giovani. L'Italia, pur avendo università con una tradizione di eccellenza, come l'Università di Bologna o la Sapienza di Roma, fatica a competere con le università anglosassoni dal punto di vista della **qualità complessiva dell'istruzione** e delle **opportunità internazionali** che riescono a offrire.

Nel **Regno Unito**, dove ho avuto l'opportunità di completare i miei studi, ho visto come il sistema universitario incoraggi l'innovazione e l'interdisciplinarietà. Secondo il **QS World University Rankings 2023**, 4 università britanniche (Oxford, Cambridge, Imperial College e London School of Economics) sono tra le **prime 10 al mondo**, mentre in Italia, nonostante alcune università di eccellenza, non troviamo istituzioni nelle posizioni di vertice a livello globale. Questo non significa che l'Italia non abbia un patrimonio accademico straordinario, ma spesso manca una **visione internazionale** e una **maggiore apertura alla collaborazione globale**.

Inoltre, all'estero ho visto che i **giovani** vengono incoraggiati a intraprendere percorsi di carriera internazionali, con **programmi di scambio**, **borsa di studio internazionali** e **reti professionali** globali. In Italia, invece, spesso le opportunità di lavoro e di sviluppo professionale per i laureati sono limitate dalla **bassa competitività** e dalla **difficoltà di accesso al mercato del lavoro**. Secondo un rapporto di **Eurostat**, la **disoccupazione giovanile** in Italia ha raggiunto nel 2022 il **30%**, una delle percentuali più alte in Europa. In Paesi come la **Germania** e il **Regno Unito**, le politiche di inserimento dei giovani nel mondo del lavoro sono molto più strutturate, con programmi di apprendistato e stage che offrono **real-time experience**.

Sostegno all'imprenditorialità e innovazione: Il caso della Silicon Valley e della Germania
Nel corso della mia carriera professionale, ho avuto modo di osservare come diversi Paesi promuovano l'**imprenditorialità** e l'**innovazione**. Mentre l'Italia è famosa per la sua creatività e per le piccole e medie imprese che costituiscono il **99%** del tessuto produttivo, fatica però a sostenere le **start-up innovative** e le **nuove tecnologie**. Secondo un rapporto di **Unioncamere 2022**, solo il **14% delle PMI italiane** ha intrapreso attività di innovazione, un dato che è ben al di sotto della media **UE** (27%).
In **Germania**, le politiche di supporto alle PMI e alle start-up sono decisamente più solide. Il Paese ha un ampio **ecosistema di venture capital** e incentivi fiscali per l'innovazione, che favoriscono la crescita delle **start-up tecnologiche**. La **Silicon Valley** negli Stati Uniti rappresenta un altro esempio emblematico, con un ambiente di **collaborazione** tra università, imprese e investitori che stimola la **creatività** e il **progresso tecnologico**. In Italia, al contrario, l'accesso al credito per le nuove imprese è più difficile e il sistema burocratico rende complesso avviare una **start-up innovativa**.

Futuro e sostenibilità:

L'esempio della Svezia e dei Paesi Bassi
Un aspetto fondamentale che ho trovato all'estero, e che mi ha colpito molto, è l'attenzione al **futuro** e alla **sostenibilità**. In Paesi come la **Svezia** e i **Paesi Bassi**, la **sostenibilità ambientale** è al centro delle politiche pubbliche, con iniziative concrete per ridurre le emissioni di carbonio, incentivare la mobilità verde e promuovere l'energia rinnovabile. La **Svezia** ha investito significativamente in **infrastrutture verdi**, e nel 2022 ha visto un aumento del **4%** nell'utilizzo di energia rinnovabile rispetto all'anno precedente.

In Italia, purtroppo, sebbene ci siano iniziative positive, le politiche in materia di sostenibilità sono spesso frammentarie e insufficienti. Secondo il **Green Deal Report 2023**, l'Italia si trova al **19° posto** in Europa per impegni e azioni concrete in ambito di sostenibilità, ben lontano dai leader come la **Svezia**, che è al **primo posto**. L'Italia ha enormi potenzialità in ambito ambientale, ma manca ancora una **strategia nazionale coerente** per affrontare il cambiamento climatico e promuovere una crescita sostenibile a lungo termine.

L'amore per l'Italia e la speranza di un cambiamento
Nonostante tutte le difficoltà e le sfide che ho descritto, il mio cuore rimane legato all'Italia. Il mio amore per il Paese è immenso, e non smetterò mai di sperare che possa finalmente affrontare questi problemi strutturali e diventare un modello di **progresso, innovazione e sostenibilità**.

Spero che un giorno l'Italia possa diventare un Paese che offre **opportunità reali** per i suoi cittadini, un Paese in cui i giovani possano sentirsi motivati a costruire un futuro prospero senza dover cercare altrove le opportunità che meritano. Credo che l'Italia abbia le risorse e il potenziale per essere un leader globale, ma è necessario un cambiamento profondo e la volontà di affrontare le sfide in modo strategico e con una visione di lungo termine.

Germania, Canada, Australia, ecc.: modelli di sviluppo
Quando mi sono trasferito all'estero, ho avuto l'opportunità di osservare come alcuni Paesi abbiano saputo costruire **modelli di sviluppo** efficaci, che non solo promuovono una crescita economica sostenibile, ma garantiscono anche alti standard di vita, opportunità di lavoro e una forte coesione sociale. Vivere in Paesi come la **Germania**, il **Canada** e l'**Australia** mi ha dato una nuova prospettiva sullo sviluppo e sul benessere collettivo, mettendo in luce molte delle lacune che l'Italia deve ancora colmare per poter offrire a tutti i suoi cittadini le stesse opportunità.
Nonostante l'affetto che provo per l'Italia, e la consapevolezza che ogni Paese ha le sue sfide, è innegabile che la Germania, il Canada e l'Australia abbiano costruito dei **modelli di sviluppo** che, nel loro complesso, hanno portato benefici tangibili alla maggior parte della popolazione. Questo non solo per le loro politiche economiche, ma anche per come queste nazioni riescono a **integrare la sostenibilità** con un **forte senso di equità sociale**, garantendo opportunità a tutti.

Germania: un modello di innovazione, produttività e sostenibilità
La **Germania** è un esempio di come un Paese possa svilupparsi con un equilibrio tra innovazione, sostenibilità e produttività. Il **modello tedesco** si fonda su un **forte settore industriale**, un **sistema educativo di alta qualità** e politiche **sociali inclusive** che garantiscono una rete di sicurezza ai cittadini.
In Germania, la **formazione professionale** è un pilastro centrale. La **formazione duale** tedesca, che unisce studio e lavoro pratico, consente a milioni di giovani di entrare nel mercato del lavoro con competenze pratiche e una solida base teorica. Secondo un rapporto della **Banca Mondiale del 2023**, il **tasso di disoccupazione giovanile in Germania** è significativamente più basso rispetto all'Italia, con solo il **5,4%** dei giovani senza lavoro, contro il **30%** in Italia. Questo è il

risultato di politiche che promuovono il dialogo tra **università, industrie e istituzioni pubbliche** per integrare l'educazione con le necessità del mercato del lavoro.

Inoltre, la **Germania** è uno dei leader mondiali in materia di **innovazione tecnologica e sostenibilità**. Secondo il **Global Innovation Index 2023**, la Germania è al **5° posto mondiale** per capacità innovativa, grazie agli investimenti in **R&S** (ricerca e sviluppo) che nel 2022 hanno raggiunto il **3,1% del PIL**, un dato che è superiore alla media europea. La **transizione energetica**, che ha visto il Paese puntare con determinazione sull'**energia rinnovabile**, è un altro esempio di come l'innovazione venga integrata con il rispetto per l'ambiente.

Canada: un modello di inclusione sociale e politiche pubbliche efficaci

Il **Canada** rappresenta uno dei migliori esempi di **società inclusiva** e **sostenibile**, con politiche pubbliche che puntano al benessere collettivo. La qualità della vita in Canada è molto alta, grazie alla combinazione di un **sistema sanitario universale**, un **mercato del lavoro dinamico** e un forte impegno verso la **diversità culturale**.

Il **sistema sanitario pubblico canadese** è uno dei più avanzati al mondo, garantendo **assistenza sanitaria universale** a tutti i cittadini. Questo modello riduce le disuguaglianze e promuove una maggiore coesione sociale. Secondo un rapporto del **Ministero della Salute del Canada** del 2022, il Paese ha speso il **10,7% del PIL** in sanità, assicurando un accesso universale alle cure mediche di qualità, senza oneri economici diretti per i cittadini. Questo contrasta con la situazione in Italia, dove le **disuguaglianze sanitarie regionali** e le lunghe liste d'attesa nelle strutture pubbliche continuano a essere problematiche persistenti.

Inoltre, il Canada è stato **costantemente al primo posto** nel **Human Development Index (HDI)** delle Nazioni Unite, grazie a politiche di **inclusione sociale**, **uguaglianza di genere** e

supporto alle minoranze. Secondo un'indagine dell'**OCSE 2022**, il Canada ha il più alto **tasso di soddisfazione della vita** tra i Paesi del G7. Il sistema educativo è orientato al futuro, puntando su **scienze, tecnologia, ingegneria e matematica (STEM)**, con investimenti in **università e istituti di ricerca** che favoriscono l'innovazione e la preparazione professionale.

Australia: un modello di sviluppo economico e protezione ambientale

L'**Australia** ha costruito un **modello di sviluppo economico** che combina una **forte crescita del PIL** con politiche di **protezione ambientale** e **equità sociale**. Il Paese ha registrato nel 2022 una crescita del **3,4%**, una delle più alte tra i Paesi sviluppati, con un **mercato del lavoro** che è tra i più dinamici e inclusivi. Secondo i dati dell'**Australian Bureau of Statistics**, il **tasso di disoccupazione** si è mantenuto stabile sotto il **5%** negli ultimi anni, con politiche attive che favoriscono l'occupazione giovanile e femminile.

Un aspetto che mi ha colpito profondamente in Australia è la **protezione dell'ambiente**. Il Paese ha intrapreso azioni decise per ridurre la **dipendenza dai combustibili fossili**, investendo in **energie rinnovabili** e in una gestione **sostenibile delle risorse naturali**. Il **Green Economy Index 2023** posiziona l'Australia tra i leader mondiali nell'utilizzo di tecnologie verdi, e la crescente attenzione alle politiche ambientali ha stimolato anche una forte crescita nei settori legati alle **energie rinnovabili**.

Il confronto con l'Italia: dove l'Italia potrebbe migliorare

Nonostante l'amore che provo per il mio Paese, non posso fare a meno di riconoscere che **Italia** fatica a competere con questi modelli di sviluppo. Sebbene l'Italia possieda alcune eccellenze in ambito **culturale**, **gastronomico** e **turistico**, le **politiche pubbliche** in settori come la **sanità**, l'**istruzione** e

l'innovazione tecnologica sono ancora **fragili** e troppo **frammentate**.

1. **Sanità**: L'Italia, nonostante il **Servizio Sanitario Nazionale** (SSN) universale, affronta enormi disuguaglianze regionali nell'accesso alle cure. Le **liste d'attesa** lunghe e la **carente digitalizzazione** delle strutture sanitarie limitano la qualità dell'assistenza in molte zone del Paese. Paesi come il **Canada** e la **Germania**, invece, offrono un **sistema sanitario universale e accessibile** che riduce significativamente le disuguaglianze.

2. **Istruzione e ricerca**: Il sistema educativo italiano, pur essendo ricco di tradizioni e atenei prestigiosi, è meno competitivo rispetto a quello di **Paesi come il Regno Unito** o la **Germania**. Le università italiane sono **poco internazionali** e non offrono **opportunità** di scambi globali che permettano agli studenti di entrare nel mercato del lavoro internazionale con facilità.

3. **Innovazione**: L'Italia è una nazione con una lunga tradizione di **creatività** e **ingegno**, ma la **mancanza di investimenti in ricerca** e **sviluppo** limita il potenziale del Paese. Paesi come **Germania**, **Canada** e **Australia** investono costantemente in innovazione, supportano le **start-up** e promuovono una **cultura imprenditoriale dinamica**.

Quali paesi offrono ciò che l'Italia non può garantire
L'Italia è un Paese straordinario, e non smetterò mai di apprezzarne la bellezza, la cultura e la storia. Tuttavia, vivendo all'estero, mi sono reso conto che alcuni Paesi offrono opportunità che, purtroppo, l'Italia fatica a garantire. La **qualità della vita**, le **opportunità di crescita professionale**, la **stabilità economica** e **sociale** sono aspetti cruciali per il benessere di un individuo, e in molti Paesi, specialmente quelli del Nord Europa, dell'America del Nord e dell'Oceania, questi fattori sono meglio realizzati rispetto all'Italia. Non voglio dipingere l'Italia in maniera negativa, ma semplicemente fare un confronto onesto con Paesi che sono riusciti a costruire modelli di sviluppo che favoriscono la crescita individuale, collettiva e sostenibile.

Germania: stabilità, opportunità di lavoro e crescita professionale
Quando mi sono trasferito in Germania, una delle prime cose che ho notato è stata la **stabilità economica** e il **sistema del lavoro** che promuove una **crescita continua**. La **Germania** è uno dei Paesi più competitivi in Europa, e la sua economia è sostenuta da una **forte industria** e un **mercato del lavoro** che premia le competenze e l'impegno. Secondo il **Global Competitiveness Index 2023**, la Germania si trova al **7° posto** a livello mondiale per competitività economica, con una delle **migliori infrastrutture** e un sistema **educativo** orientato a formare professionisti altamente qualificati.
Ciò che ho apprezzato particolarmente della Germania è stato il **sistema duale di istruzione e formazione professionale**, che combina studi teorici con esperienza pratica. Questo sistema permette a milioni di giovani di entrare nel mercato del lavoro con **competenze pratiche**, un fattore che contribuisce a mantenere il Paese ai vertici del mondo per **occupazione giovanile**. La **disoccupazione giovanile** in Germania, secondo i dati di **Eurostat 2022**, è scesa al **5,4%**, un livello decisamente inferiore a quello dell'Italia, dove la

disoccupazione giovanile è ancora sopra il **30%**. In Italia, nonostante l'alta qualità di molte università, il **mercato del lavoro** non riesce a rispondere adeguatamente alle richieste dei giovani laureati, con **contratti precari** che rendono difficile costruire una carriera solida.

Canada: inclusività, qualità della vita e servizi sociali
Il **Canada** è un altro Paese che offre **opportunità** che l'Italia fatica a garantire. Il **sistema sanitario universale**, che consente a tutti i cittadini di accedere a **cure di qualità** senza dover sostenere costi esorbitanti, è solo uno degli aspetti che rende questo Paese così attrattivo. Secondo il **Health Consumer Powerhouse 2022**, il sistema sanitario canadese è tra i più efficienti al mondo, con un'**accessibilità universale** e un'alta qualità dei servizi offerti.
Ma il Canada non si limita solo a garantire **servizi sanitari di qualità**: è anche un Paese che ha fatto dell'**inclusività** una priorità. Il Canada è uno dei Paesi con il **tasso di immigrazione più alto**, con politiche che favoriscono l'integrazione e offrono opportunità a chi arriva, senza discriminazioni legate all'origine, alla razza o al genere. Le politiche di **uguaglianza di genere** e di **inclusività sociale** sono tra le più avanzate al mondo, con il **Canada** classificato come uno dei Paesi più **progressisti** in materia di diritti civili.
La **qualità della vita** in Canada è alta, con città come **Vancouver** e **Toronto** che sono regolarmente classificate tra le **migliori al mondo** per vivere. **Toronto**, in particolare, è un centro di **innovazione tecnologica** che attira giovani talenti da tutto il mondo, creando un ambiente dinamico e competitivo per le start-up e le imprese tecnologiche.

Australia: un sistema di welfare solido e un ambiente favorevole all'innovazione
L'**Australia** è un altro Paese che offre opportunità di crescita che in Italia sono difficili da trovare. L'Australia ha costruito un **modello economico** che unisce crescita, **innovazione** e un

forte sistema di **welfare**. Il **tasso di occupazione** in Australia è molto alto, con una disoccupazione che si attesta intorno al **4,2%** secondo i dati dell'**Australian Bureau of Statistics (2023)**. Questo è il risultato di un **mercato del lavoro** che premia l'**innovazione** e l'imprenditorialità, e di politiche che sostengono le PMI, favorendo la **crescita delle start-up**.

Anche il **sistema educativo** australiano è uno dei migliori al mondo, con università che sono regolarmente tra le **prime 100** a livello globale. Secondo il **QS World University Rankings 2023**, l'**Università di Melbourne** e l'**Università Nazionale Australiana** sono tra le **migliori 40 università mondiali**. L'Australia è anche un Paese che ha investito moltissimo in **scienze e tecnologie**, ed è uno dei leader mondiali nell'utilizzo di **energie rinnovabili** e nella protezione ambientale.

Un altro elemento che mi ha colpito in Australia è il sistema di **welfare** che garantisce **servizi sanitari di alta qualità** e **un buon supporto sociale** a chi ne ha bisogno. Il **sistema sanitario pubblico**, pur con alcune limitazioni, offre una copertura universale che riduce notevolmente le disuguaglianze nell'accesso alle cure mediche. Paesi come l'Italia, pur avendo un sistema sanitario pubblico, soffrono ancora di **inefficienze regionali**, di **liste d'attesa lunghe** e di **disuguaglianze** nell'accesso alle cure.

Paesi Nordici: un modello di welfare universale e sostenibilità

Infine, i Paesi **nordici** come **Svezia**, **Norvegia** e **Danimarca** rappresentano un modello di **welfare universale** che è quasi incomparabile con quello che l'Italia può offrire. Questi Paesi sono conosciuti per il loro **alto livello di equità sociale**, l'**accesso universale all'istruzione** e ai **servizi sanitari**, e le **politiche ecologiche** che promuovono la **sostenibilità ambientale**.

La **Svezia**, per esempio, ha un sistema **sanitario pubblico** che garantisce a tutti i cittadini un accesso universale a **cure**

mediche gratuite. Le politiche svedesi mirano a ridurre le disuguaglianze, a sostenere le famiglie e a garantire **opportunità educative** per tutti. Il **tasso di disoccupazione** in Svezia è significativamente inferiore rispetto all'Italia, e il **mercato del lavoro** svedese è caratterizzato da un sistema di **apprendistato** e **lavoro flessibile**, che favorisce l'inclusione sociale.

Inoltre, i Paesi nordici sono all'avanguardia in **innovazione tecnologica**, **sostenibilità ambientale** e **qualità della vita**, con città come **Stoccolma** e **Copenaghen** che sono tra le più **verdi** e **sostenibili** al mondo, con forti investimenti in **energie rinnovabili** e **trasporti pubblici ecologici**.

La Spagna e le Canarie: Opportunità di crescita e qualità della vita

La **Spagna**, e in particolare le **Isole Canarie**, rappresentano un altro esempio interessante di come un Paese possa offrire opportunità di crescita, sostenibilità e qualità della vita. Sebbene la Spagna non sia priva di sfide, come l'Italia, ha fatto dei passi significativi per migliorare le sue politiche economiche, sociali ed ecologiche, e le Isole Canarie, grazie alla loro posizione geografica e al loro ambiente favorevole, sono diventate un hub sempre più attraente per chi cerca nuove opportunità, sia professionali che personali.

La Spagna: un modello di crescita economica e diversificazione

La Spagna ha attraversato, negli ultimi decenni, un lungo processo di trasformazione che l'ha portata a diventare una delle economie più dinamiche in Europa, con una **crescita stabile** e una **diversificazione economica** che include non solo il turismo, ma anche la **tecnologia**, l'**energia rinnovabile** e i **servizi finanziari**. Secondo i dati di **Eurostat**, la Spagna ha visto una crescita del PIL del **5,5%** nel 2022, uno dei tassi più alti tra i Paesi dell'Unione Europea, grazie anche a

politiche di riforma che hanno puntato su **investimenti in infrastrutture** e sulla **modernizzazione** dei settori chiave.
Rispetto all'Italia, la Spagna ha avuto più successo nel **favorire l'innovazione tecnologica** e l'ingresso di **startup** nei suoi mercati. In particolare, **Madrid** e **Barcellona** sono diventate centri di **innovazione tecnologica** e **imprenditorialità**, con una forte attenzione alla **digitalizzazione** e allo **sviluppo sostenibile**. Le politiche spagnole hanno incoraggiato la creazione di un ambiente favorevole alle **imprese emergenti** e hanno dato priorità alla **transizione ecologica**, investendo in **energie rinnovabili** e in iniziative per combattere i cambiamenti climatici.
Anche nel settore **lavorativo**, la Spagna ha implementato politiche attive per **ridurre la disoccupazione giovanile**, con incentivi per le **imprese che assumono giovani** e politiche di inclusione per le **categorie più vulnerabili**. Secondo i dati del **Ministero dell'Occupazione** spagnolo, la disoccupazione giovanile è scesa al **29,8%** nel 2022, ancora alta ma in miglioramento rispetto al passato.

Le Isole Canarie: un paradiso di opportunità per vivere e lavorare
Le **Isole Canarie**, in particolare, rappresentano una **destinazione ideale** per chi cerca una qualità della vita più alta, un ambiente sano e opportunità di lavoro, specialmente nel settore turistico, ma anche in quello delle **energie rinnovabili** e della **tecnologia**. La loro posizione geografica, che le rende un punto di incontro tra Europa, Africa e America, le ha trasformate in un polo di attrazione per chi cerca **fiscalità favorevole** e un **mercato del lavoro** in crescita.
Le Canarie offrono un **regime fiscale vantaggioso** rispetto alla Spagna continentale, con il **"Canary Islands Special Zone" (ZEC)** che permette alle aziende di godere di **incentivi fiscali** notevoli. Questo ha incentivato le **start-up** e le

imprese tecnologiche a stabilirsi nell'arcipelago, creando nuove opportunità professionali in settori innovativi.

Inoltre, la **qualità della vita** nelle Canarie è decisamente alta. L'**accesso al sistema sanitario pubblico** spagnolo, che è tra i migliori al mondo, insieme alla bellezza naturale delle isole, al clima temperato e alla bassa criminalità, rende la vita quotidiana particolarmente piacevole. Secondo il **Global Liveability Index 2023**, Tenerife e Gran Canaria sono classificate tra le isole più vivibili per residenti ed expat, con alti standard in **sicurezza**, **trasporti pubblici**, e **servizi sanitari**.

La Spagna, e in particolare le Isole Canarie, sono anche molto attive nella **promozione della sostenibilità ambientale**. Le Canarie, infatti, sono tra i leader europei nella produzione di **energia solare** e **eolica**, con progetti ambiziosi per ridurre l'impronta di carbonio delle isole e promuovere la **mobilità verde**.

Opportunità professionali e fiscali nelle Canarie: una scelta interessante per gli espatriati

Una delle ragioni per cui molti decidono di trasferirsi nelle **Isole Canarie** è il **regime fiscale favorevole** per i residenti. La possibilità di avviare attività con imposte più basse rispetto al resto della Spagna è un incentivo decisivo per imprenditori e liberi professionisti. La **ZEC** (Zona Especial Canaria) offre riduzioni significative delle **imposte sul reddito delle società e dei contributi previdenziali**. Inoltre, i residenti delle Canarie non sono soggetti a **tasse sulle successioni e donazioni** come in altre parti della Spagna, il che può rappresentare un vantaggio importante per le famiglie e le imprese.

Le opportunità professionali nelle Canarie sono anche legate alla crescente domanda di **lavoro remoto** e all'espansione del settore **tecnologico**. Sempre più professionisti e aziende scelgono le Canarie come base operativa grazie alla qualità della vita, al costo relativamente basso rispetto ad altre metropoli europee e alla connettività internazionale che le isole offrono.

Il confronto con l'Italia

Mentre l'Italia continua ad affrontare sfide relative a **disoccupazione giovanile**, **burocrazia** e **inefficienza amministrativa**, Paesi come la **Spagna** e le **Canarie** stanno riuscendo ad attrarre **giovani professionisti**, **imprenditori** e **investitori** grazie a politiche fiscali favorevoli, opportunità di lavoro più ampie e una qualità della vita elevata.

In Italia, la **crescita economica** è ostacolata da un **sistema burocratico complesso**, da **un mercato del lavoro rigido** e da una **scarsa innovazione tecnologica** in molti settori. La Spagna, pur avendo anch'essa delle sfide da affrontare, ha fatto progressi notevoli nell'**inclusività**, nel **settore tecnologico** e nella **mobilità sociale**. La possibilità di **vivere e lavorare** in un ambiente stimolante come quello delle **Canarie** rappresenta un'opportunità che l'Italia non è ancora riuscita a offrire in modo simile.

Le politiche di **sostenibilità ambientale** e di **energia rinnovabile** nelle Canarie sono un altro esempio di come la Spagna stia andando oltre la semplice crescita economica, cercando di rendere il proprio modello di sviluppo più **green** e meno dipendente dai combustibili fossili, a differenza dell'Italia, dove la transizione energetica è ancora troppo lenta.

Conclusione

Un bilancio tra i vantaggi e i sacrifici dell'emigrazione

L'emigrazione è una scelta complessa, una decisione che porta con sé un mix di **vantaggi** e **sacrifici**. Quando ho deciso di lasciare l'Italia, non l'ho fatto con leggerezza. Amavo il mio Paese e, sebbene fossi consapevole delle difficoltà che affrontava, non è stato facile accettare l'idea di dover vivere lontano dalla mia terra, dalla mia famiglia, dai miei amici e dalla cultura che mi ha formato. Tuttavia, la decisione di trasferirmi all'estero ha aperto una nuova finestra sul mondo, permettendomi di scoprire realtà che non solo mi hanno arricchito dal punto di vista professionale, ma anche personale.

Sebbene vivere all'estero abbia comportato una serie di **compromessi** e **adattamenti**, è difficile non riconoscere che il confronto con il mio Paese natale mi ha fatto comprendere quanto, a volte, l'Italia non sia in grado di offrire le stesse opportunità che altri Paesi hanno costruito con politiche e strutture più moderne, inclusive e orientate al futuro.

I vantaggi dell'emigrazione: un accesso migliore alle opportunità

Uno dei maggiori **vantaggi** che ho sperimentato vivendo all'estero è stato l'**accesso a opportunità professionali e personali** che in Italia sembravano fuori portata. In Paesi come la **Germania**, il **Canada** e l'**Australia**, l'**economia dinamica**, il **mercato del lavoro competitivo** e le **politiche di inclusività** hanno facilitato la mia crescita, sia dal punto di vista professionale che personale.

In **Germania**, la possibilità di lavorare in un ambiente in cui l'**innovazione** e la **formazione continua** sono parte integrante della cultura lavorativa è stata fondamentale. In Italia, sebbene ci siano molte eccellenze, la **rigidità del**

mercato del lavoro e la **difficoltà di accesso al credito** rendono difficile per molti giovani riuscire a realizzare le proprie ambizioni. In Germania, ho trovato politiche attive di supporto alle **start-up** e una **fiscalità favorevole** che incoraggia l'**imprenditorialità**. Questo è stato un fattore decisivo nella mia esperienza, in quanto mi ha permesso di sviluppare nuove competenze e di entrare in contatto con una rete internazionale che in Italia sarebbe stata molto più difficile da raggiungere.

Anche in **Canada**, la qualità della vita è notevolmente più alta, grazie a un **sistema sanitario universale**, un **mercato del lavoro più dinamico** e politiche che promuovono l'**inclusione sociale** e l'**uguaglianza di genere**. Le opportunità di crescita sono reali, con programmi di inserimento lavorativo che aiutano i giovani a inserirsi nel mondo professionale, e politiche che promuovono l'**innovazione tecnologica** e la **sostenibilità ambientale**. L'Italia, purtroppo, è ancora afflitta da un **sistema burocratico complesso** e da un **elevato debito pubblico**, che limita la capacità di fare investimenti strategici per il futuro.

In **Australia**, ho trovato un ambiente favorevole alle **energie rinnovabili**, un forte impegno per la **sostenibilità** e opportunità di carriera nel settore **tecnologico**. Lì, le **politiche ambientali** sono all'avanguardia, con investimenti in **energia solare** ed **eolica** che rendono il Paese un leader nel settore. Questo tipo di sviluppo sostenibile è molto meno visibile in Italia, dove le politiche ecologiche e di transizione energetica sono ancora a un livello iniziale.

I sacrifici dell'emigrazione: la nostalgia e la difficoltà di adattamento

Sebbene vivere all'estero mi abbia offerto numerosi **vantaggi**, non sono mancati i **sacrifici**. La **nostalgia** per l'Italia è una costante, soprattutto per le **relazioni personali** e il **legame con la mia cultura**. Non è facile, infatti, vivere lontano dalla propria famiglia, dai propri amici, e da quella **rete di supporto sociale** che, pur con tutte le sue imperfezioni, l'Italia è capace di offrire. Ogni volta che vedo foto di riunioni familiari, eventi o momenti che avrei voluto condividere, sento il peso della distanza.

Anche l'adattamento alla **cultura** e alle **abitudini locali** è stato un processo impegnativo. L'integrazione in un nuovo Paese non è mai immediata. In Germania, ad esempio, ho dovuto affrontare le difficoltà di una lingua che non conoscevo, e adattarmi a una cultura del lavoro che enfatizza la puntualità e la precisione. In Canada e in Australia, la vita è molto orientata alla **qualità della vita** e al **work-life balance**, ma ci sono ancora differenze culturali che richiedono tempo per essere comprese e assimilate. Ogni Paese ha le proprie usanze, e questo richiede un certo periodo di **adattamento** e **flessibilità**.

Anche la **buona comunicazione** con i familiari e gli amici in Italia può risultare complessa, a causa della **differenza di fuso orario** e della **distanza geografica**. La vita di tutti i giorni, con i suoi impegni e ritmi, può rendere difficile mantenere il legame che si ha con le proprie radici. Tuttavia, è importante sottolineare che la tecnologia, come **Skype**, **Zoom** e **WhatsApp**, ha reso le comunicazioni più facili e veloci, rendendo la distanza meno tangibile di quanto non fosse in passato.

Un bilancio finale: i vantaggi superano i sacrifici

Alla fine, il bilancio tra i **vantaggi** e i **sacrifici** dell'emigrazione si inclina decisamente verso i primi. La **qualità della vita**, le **opportunità professionali** e la possibilità di vivere in un **ambiente stabile** e **moderno** sono, per me, gli aspetti che fanno la differenza. In Paesi come la **Germania**, il **Canada** e l'**Australia**, ho trovato le risorse per crescere, sviluppare la mia carriera e vivere in un contesto che promuove l'**uguaglianza**, la **sostenibilità** e la **trasparenza**. La stabilità economica, la qualità dei servizi pubblici e la sicurezza sociale sono solo alcuni degli aspetti che rendono questi Paesi attraenti per chi cerca un futuro migliore.

Tuttavia, **l'amore per l'Italia** è immenso. La bellezza del Paese, la sua cultura, la sua storia sono e saranno sempre una parte di me. Ma credo che l'Italia debba affrontare le sue sfide, lavorare per ridurre **disuguaglianze**, **inefficienze burocratiche**, **problemi legati al mercato del lavoro** e **alla sostenibilità**. Se l'Italia potesse imparare dai **modelli di successo** di altri Paesi, potrebbe finalmente offrire **opportunità reali** per tutti, riducendo i **sacrifici** che i suoi cittadini sono costretti a fare per vivere una vita migliore.

Emigrare non significa rinunciare alla propria terra, ma cercare un futuro che rispetti i propri sogni e le proprie ambizioni. Per me, questo è stato un passo necessario, un passo verso una vita che, sebbene lontana, è ricca di **opportunità**.

Un messaggio di speranza per chi sceglie di restare

Mentre il mio viaggio all'estero mi ha permesso di scoprire nuove opportunità, nuove prospettive e una qualità della vita che, sinceramente, in Italia non avrei mai pensato di poter trovare, non posso fare a meno di pensare a chi, come molti dei miei amici e parenti, ha scelto di **restare in Italia**. Nonostante le difficoltà e le sfide che affrontiamo, c'è un messaggio che voglio trasmettere a chi ha deciso di non emigrare: **l'Italia ha ancora un enorme potenziale**. E chi sceglie di restare ha un ruolo fondamentale nel contribuire al cambiamento che tutti desideriamo.

Quello che ho imparato vivendo fuori è che **non bisogna mai rinunciare a lottare per un futuro migliore**, indipendentemente da dove ci si trovi. Se ho scelto di trasferirmi, è stato per la ricerca di opportunità che l'Italia, al momento, non mi offriva. Ma questo non significa che l'Italia non abbia le risorse per essere un Paese che offre **opportunità** a tutti i suoi cittadini, giovani e meno giovani. La **creatività**, la **passione** e l'**ingegno** che gli italiani hanno sono tra le risorse più preziose al mondo. E, seppur con le sue imperfezioni, l'Italia è ancora la terra in cui tutto questo può essere realizzato.

La resilienza italiana e la forza della comunità
A chi sceglie di restare, dico che l'Italia ha una tradizione di **resilienza** che, sebbene messa a dura prova negli ultimi anni, non è mai venuta meno. Le **crisi economiche**, le **difficoltà politiche**, i **cambiamenti sociali** sono stati affrontati dagli italiani con una forza che molti altri Paesi non hanno. Le **comunità locali**, dalle piccole città alle grandi metropoli, sono sempre riuscite a reinventarsi, a sostenersi, a proteggere i più vulnerabili. Le **famiglie** e i **legami sociali** che si creano in Italia sono un grande punto di forza, qualcosa che non ha pari in altri Paesi. Quando si è in difficoltà, l'Italia non è mai sola. Si trova **solidarietà** e **sostegno** in ogni angolo della nazione. La **creatività** degli italiani è ben nota in tutto il mondo. Nonostante tutte le difficoltà, il Paese ha continuato a produrre eccellenze in **arte**, **design**, **moda**, **gastronomia**, e ha **molti settori all'avanguardia**, come il **turismo**, le **tecnologie verdi** e l'**innovazione digitale**. Non c'è dubbio che l'Italia abbia il potenziale per tornare ad essere un leader globale in numerosi campi. La **forza delle piccole imprese**, la tradizione artigianale, e la capacità di **creare valore** in modi unici sono il vero motore dell'economia italiana.

Le opportunità per il cambiamento in Italia
Per chi resta, è importante credere che, con il giusto impegno, è possibile cambiare le cose. L'Italia ha bisogno di **visioni coraggiose**, **idee nuove** e la capacità di **unirsi**. La **partecipazione attiva alla vita politica e sociale** è fondamentale. In Paesi come la **Germania** o i **Paesi nordici**, il cambiamento è stato possibile grazie a una **società civile forte**, che ha lavorato insieme per risolvere i problemi. Anche in Italia, se ciascuno di noi contribuisce, il cambiamento è possibile.

Negli ultimi anni, molte **giovani generazioni** stanno facendo sentire la loro voce, impegnandosi per una **società più giusta**, **più ecologica** e **più inclusiva**. Il movimento per la **sostenibilità**, la spinta verso **innovazioni digitali**, l'interesse crescente per il **green business** e la **politica sociale** sono esempi di come l'Italia stia già evolvendo. Le **start-up italiane** sono in continua crescita, e molti giovani stanno creando **imprese innovative** che stanno iniziando a competere nel mercato globale.

L'Italia ha bisogno della **passione** e della **determinazione** di chi crede nel Paese. Ogni piccolo passo conta. Le **istituzioni locali**, i **governi regionali**, le **associazioni** e i **movimenti sociali** stanno facendo sentire la loro voce, e possono davvero trasformare la situazione. È un processo che richiede tempo, ma non è impossibile.

La qualità della vita come motore di cambiamento
Un altro aspetto fondamentale che può fare la differenza in Italia è il **benessere sociale**. Paesi come la **Svezia** e la **Norvegia** hanno costruito modelli di **welfare** che garantiscono un alto livello di **solidarietà sociale**. In Italia, sebbene il **sistema sanitario nazionale** sia uno dei migliori al mondo, ci sono ancora **disuguaglianze regionali** che impediscono un'accessibilità uniforme ai servizi. Eppure, con un maggiore impegno nelle politiche sociali e in una **migliore distribuzione delle risorse**, l'Italia potrebbe garantire a tutti i suoi cittadini una **qualità della vita** che possa competere con quella dei Paesi più sviluppati.

La **mobilità sociale**, la **pari opportunità**, l'**accesso all'istruzione di qualità** sono altre aree in cui l'Italia può fare dei progressi significativi. Se c'è una cosa che ho imparato vivendo all'estero è che nessun Paese è perfetto, ma i Paesi che funzionano meglio sono quelli che **investono nelle persone**. La **formazione**, l'**educazione** e l'**accesso equo** alle **opportunità di crescita** sono i veri motori di una società sana e prospera.

Un futuro migliore per l'Italia
Per chi sceglie di rimanere, la sfida è quella di non arrendersi, ma di **lottare** per un futuro migliore. Il cambiamento non avviene dall'oggi al domani, ma le fondamenta per un'Italia più forte e prospera sono già lì, sotto la superficie. Con **impegno**, **determinazione** e **passione**, chi resta può essere parte di una **rivoluzione pacifica** che può realmente cambiare le cose. Non bisogna aspettare che altri facciano il cambiamento, ma essere protagonisti attivi del **proprio destino**.
Ogni cittadino che sceglie di restare e di lavorare per migliorare il Paese è una risorsa per l'Italia. La **creatività**, la **determinazione** e l'**innovazione** che caratterizzano gli italiani sono qualità fondamentali che devono essere sfruttate appieno. Quindi, anche se il percorso è irto di ostacoli, è possibile e necessario **rimanere ottimisti**. C'è sempre un'opportunità per chi crede che il cambiamento sia possibile. In conclusione, se il futuro dell'Italia è nelle mani di chi resta, allora non c'è motivo di non credere in un futuro migliore. Le sfide sono grandi, ma non insormontabili. Il cambiamento è una **sfida collettiva** che può essere vinta. Insieme, possiamo costruire un'Italia che, pur mantenendo le sue tradizioni, possa essere anche un Paese in cui le **opportunità** sono alla portata di tutti. L'Italia ha tutto per tornare a brillare.

Ragioni per Emigrare dall'Italia

Un Bilancio delle Opportunità all'Estero

L'emigrazione è una scelta che molti italiani stanno considerando, spinti dalla ricerca di opportunità che, purtroppo, in alcuni casi l'Italia fatica a offrire in misura adeguata. Sebbene il nostro Paese abbia una **cultura ricca**, **tradizioni** affascinanti e un **patrimonio naturale unico**, le sfide strutturali che sta affrontando in ambito **economico**, **sociale** e **politico** hanno reso la vita difficile per molti giovani, professionisti e imprenditori. Di seguito, esplorerò alcuni dei principali motivi che spingono gli italiani a emigrare verso Paesi che, oggi, offrono opportunità più allettanti.

1. Opportunità di lavoro migliori e stipendi più alti

Una delle ragioni principali che spingono molti italiani a emigrare è la ricerca di **opportunità di lavoro** più allettanti e di stipendi più alti. In Italia, nonostante la qualità di molte università e la forza del settore artigianale e industriale, i salari sono tra i più bassi in Europa, soprattutto se confrontati con quelli di **Germania**, **Francia** e **Paesi nordici**. Secondo un rapporto di **Eurostat 2022**, il **reddito medio** in Italia è inferiore del **20%** rispetto alla media dell'Unione Europea. In Paesi come la **Germania**, la **Svizzera** o la **Svezia**, la stessa mansione può portare a guadagni superiori, grazie a un **mercato del lavoro** che premia le competenze e che offre più stabilità, con contratti **meno precari** e maggiori possibilità di crescita.

2. Accesso a sistemi educativi e universitari di alto livello

Il sistema educativo italiano, pur eccellendo in alcune aree come la storia dell'arte e le scienze umane, spesso non riesce a competere con le migliori università e sistemi educativi globali. In Paesi come il **Regno Unito**, **Stati Uniti**, **Canada** e

Australia, le **università** non solo offrono **curricula di alta qualità**, ma sono anche attivamente coinvolte in **ricerca** innovativa e **scambi internazionali**. Le università anglosassoni, in particolare, sono leader mondiali in discipline scientifiche, tecnologiche e ingegneristiche, attirando studenti e ricercatori da ogni angolo del pianeta. Gli studenti italiani che decidono di emigrare possono beneficiare di **risorse migliori**, **maggiore accesso a borse di studio** e la possibilità di costruire una **rete professionale globale** che in Italia potrebbe essere più difficile da sviluppare.

3. Possibilità di avanzamento di carriera in ambienti meritocratici

Un altro motivo che spinge molti a emigrare è la possibilità di **avanzamento di carriera** in ambienti più **meritocratici**. In Italia, nonostante la presenza di **giovani talenti** altamente qualificati, l'**avanzamento professionale** è spesso influenzato da fattori come le **conoscenze** e le **relazioni personali**, piuttosto che dalle **competenze** effettive. Questo fenomeno è legato anche a un sistema di **clientelismo** che, in certi ambienti, può ostacolare la **crescita professionale** di chi non appartiene a determinati circoli. Paesi come la **Germania** o i **Paesi scandinavi**, invece, sono noti per i loro sistemi di **selezione** e **avanzamento meritocratico**, dove le opportunità di carriera sono generalmente basate sul **merito** e sulla **qualità del lavoro**. Questi Paesi premiano la **formazione continua** e la capacità di adattarsi, garantendo che ogni individuo possa raggiungere il proprio potenziale senza barriere culturali o politiche.

4. Qualità della vita più alta in paesi con migliori infrastrutture sociali

Vivere all'estero offre la possibilità di godere di una **qualità della vita più alta**, grazie a Paesi che investono notevolmente in **infrastrutture sociali**. **Sanità, istruzione, trasporti pubblici** e **sicurezza sociale** sono settori in cui molti Paesi europei e nordamericani hanno fatto progressi significativi rispetto all'Italia. In Paesi come **Norvegia**, **Svezia** e **Canada**, la **sanità universale** garantisce l'accesso alle cure mediche a tutti i cittadini, con costi molto più bassi rispetto a quelli che possono essere affrontati in Italia. Inoltre, l'accesso a **servizi sociali** di alta qualità è una priorità in molte di queste nazioni, che si riflette in un **livello di sicurezza** elevato e nella **protezione sociale** offerta ai cittadini. Questo non è sempre il caso in Italia, dove la qualità dei servizi pubblici può variare notevolmente da regione a regione, e le **difficoltà burocratiche** possono rendere difficile l'accesso a risorse vitali.

5. Ambiente più stimolante per chi cerca innovazione e cambiamento

L'**innovazione** è un altro motivo cruciale per cui molti italiani scelgono di emigrare. In Italia, nonostante esistano alcune realtà eccellenti, come **Politecnico di Milano** e il **CNR**, l'ecosistema dell'**innovazione tecnologica** non è sempre all'altezza delle aspettative di chi cerca di lavorare in **settori ad alta tecnologia**. Paesi come **Germania**, **Stati Uniti**, **Israele** e **Singapore** sono tra i leader mondiali nell'**innovazione** e nella **ricerca** scientifica, con ambienti che promuovono la **collaborazione tra università, industrie e istituzioni**. Negli Stati Uniti, ad esempio, la **Silicon Valley** è diventata un hub per innovatori, **start-up** e **investitori** in cerca di nuove idee. L'Italia, pur avendo settori con un grande potenziale, come la **tecnologia verde** e il **design**, non riesce sempre a sfruttare appieno questo potenziale a causa di un sistema più **lento** nel supportare l'**imprenditorialità** e nel favorire la **ricerca scientifica** applicata.

6. Maggiore stabilità economica e politica

Un altro fattore che spinge molti italiani a emigrare è la ricerca di una **maggiore stabilità economica e politica**. Negli ultimi decenni, l'Italia ha vissuto diverse **crisi politiche**, con governi che sono cambiati frequentemente, con difficoltà nel portare avanti riforme strutturali necessarie per la crescita a lungo termine. Questo ha minato la fiducia nella capacità del Paese di affrontare le sfide economiche globali. Paesi come la **Germania**, la **Svizzera** e i **Paesi nordici** hanno una **politica più stabile** e un **sistema economico** che, nonostante le sfide, è riuscito a mantenere un equilibrio. La **stabilità politica** in questi Paesi ha anche un impatto positivo sulle **politiche di sviluppo economico**, garantendo **crescita** e **investimenti** più sostenibili nel tempo.

7. Libertà di esprimere il proprio potenziale senza le barriere culturali italiane

Infine, molti italiani scelgono di emigrare per **esprimere il proprio potenziale** senza dover affrontare le **barriere culturali** che possono limitare le loro possibilità in Italia. La **mentalità conservatrice** o il **favoritismo** basato su relazioni personali e politiche, che in alcuni casi influenzano la vita sociale e professionale in Italia, sono fattori che in altre nazioni si presentano in misura molto ridotta. Paesi come gli **Stati Uniti** e **Canada** offrono un ambiente più **aperto** e **inclusivo**, dove le persone possono perseguire i propri sogni e raggiungere il successo basandosi esclusivamente sul proprio talento e impegno.

Emigrare non significa fuggire, ma cercare di realizzare il proprio potenziale in un ambiente che offre **migliori opportunità** di crescita e sviluppo. Le ragioni per emigrare dall'Italia, come la **ricerca di opportunità lavorative migliori**, la **qualità della vita più alta**, e la possibilità di **crescita professionale in ambienti meritocratici**, sono valide. Tuttavia, non bisogna dimenticare che l'Italia ha ancora molte risorse da offrire, e chi sceglie di restare può fare la differenza nel costruire un futuro migliore. L'emigrazione può essere una scelta valida, ma l'Italia ha il potenziale per diventare un Paese dove tutti possano crescere e prosperare, a patto che si affrontino le sfide strutturali che limitano la sua piena espressione.

Buon viaggio!